世纪波
Century Wave

改进咨询™
Improvement Consulting

管理改进系列丛书

管理的逻辑

高绩效组织的改进语言

The Logic of Management

丁 晖 顾立民 著

電子工業出版社
Publishing House of Electronics Industry
北京·BEIJING

图书在版编目（CIP）数据

管理的逻辑：高绩效组织的改进语言 / 丁晖，顾立民著 .—北京：电子工业出版社，2017.10

（管理改进系列丛书）

ISBN 978-7-121-32558-8

Ⅰ . ①管… Ⅱ . ①丁… ②顾… Ⅲ . ①企业管理 – 中国 – 文集 Ⅳ . ① F279.23-53

中国版本图书馆 CIP 数据核字（2017）第 204118 号

责任编辑：晋　晶
印　　刷：北京七彩京通数码快印有限公司
装　　订：北京七彩京通数码快印有限公司
出版发行：电子工业出版社
　　　　　北京市海淀区万寿路 173 信箱　邮编 100036
开　　本：720×1000　1/16　印张：14.5　字数：213 千字
版　　次：2017 年 10 月第 1 版
印　　次：2020 年 5 月第 12 次印刷
定　　价：49.00 元

凡所购买电子工业出版社图书有缺损问题，请向购买书店调换。若书店售缺，请与本社发行部联系，联系及邮购电话：（010）88254888，88258888。

质量投诉请发邮件至 zlts@phei.com.cn，盗版侵权举报请发邮件至 dbqq@phei.com.cn。

本书咨询联系方式：（010）88254199，sjb@phei.com.cn。

前 言

第二次世界大战以后，美国百废待兴，旺盛的需求大大刺激了国内经济飞速发展，现代管理学亦飞速发展。日本励精图治，积极学习美国，也创造了一些经济奇迹和神话；在管理方面，通过引进西方先进理念，亦形成了自己独特的管理方法，如丰田生产法、阿米巴、质量管理等。而我国改革开放将近 40 年，亟待形成适合中国企业自身特点的管理理论来指导实践。

笔者在长期的探索过程中，经常会被问到这样的问题："管理到底是什么？""哪种方法最适合我的企业？"等等。中国的大部分企业都处在高速发展过程中，随着规模的扩大、人员的增长、资金的压力等，企业管理者似乎都在寻找一种一贯到底、一劳永逸的管理机制和模式，让管理企业不再有那么多的烦恼，不再让人感到那么痛苦和焦虑，不再好了企业、垮了身体，以管理者个人的巨大代价换取企业一时的成长，让管理者找回管理的幸福感!

管理有没有标准答案？管理是否存在一种严谨的逻辑？业绩增长到底有无规律可循？这一系列类似的问题,不断困扰着一代又一代的管理者和思考者。

GPS-IE 管理改进系统™是一套非常落地的管理方法，完全是笔者在长期的实践中不断摸索出来的，具有系统性、逻辑性、结果性和长期性的特点。这套方法来自大量的企业实践和咨询项目，并用一整套严谨的管理逻辑，将企业的管理动作"串"起来。

过去几年以来，笔者也带着 GPS-IE 管理改进系统™走向国际，通过各种全球行业峰会，不断地展现给各种行业的管理者和合作伙伴，也赢得了他们的一致认同，认为该系统非常创新，也非常符合他们文化下的管理逻辑。

因此，我们也希望更多的管理者能够接触并使用 GPS-IE 管理改进系统™，在解决现实的管理问题中，总结和沉淀能够指导未来中国管理者的管理思想和管理哲学。

本书是第 1 版，肯定存在不足之处。希望您在阅读中，能够逐一记下来。我们非常期待您的批评和反馈。

丁晖 dinghui@gps-ie.com

顾立民 gulimin@gps-ie.com

谢谢！

目　录

引言

组织发展瓶颈

医生面对患者需要给出准确的答案，管理者面对问题也需要给出准确的答案！

管理需要有标准答案吗

企业是创造价值的组织，企业家往往拥有创造价值的激情和思想，但价值最终不是依靠企业家一个人实现的，而是员工、客户、供应商、外部合作伙伴等利益相关者共同创造的。其中，管理者充当重要的角色，他们将成为连接企业家和利益相关者之间的桥梁，对企业的效率、效果和效益负责。从这个角度来说，管理者就像企业的内部医生，及时准确地诊断、识别、分析、解决问题成为主要职责。

企业有两条价值链。一条是垂直的管理价值链，从董事会到经营班子，从管理者到员工，这条价值链会随着外部环境的变化而更加的扁平化，但其“管理的本质”不会有太大的变化。另一条是水平的经营价值链，多个部门相互协同、互为内部客户，从而为最终客户创造价值，这条价值链更加强调其“经营的本质”。这两条价值链几乎贯穿了企业变革的全部过程，其中，管理需要服务于经营，因为经营是目的，管理是达成经营目的的手段。那么管理有标准答案吗？

管理是否有标准答案，通常的回答是没有，没有答案的管理被定义为管理艺术。所谓艺术，是指这样也行那样也行，至于哪样行，还是要看情况。具有这种看法的管理者不在少数。艺术是主观、演绎的情感和情绪通过渲染等艺术形式的感性表达。难以想象一位医生面对已经躺在手术台上的患者，边戴手套边对患者这样说：兄弟，我是一个有“艺术家”气质的医生，我的第六感告诉我你需要手术，具体手术该怎么做，我现在也没有答案，我会尽全力帮你的。

当患者听到医生这样的表达，相信他一定会起身逃跑的。

现实中很多管理者也处在“不靠谱的医生”的状态，他们往往崇尚的是“任务式管理”，习惯从目标直接跳到计划和任务环节，定计划时写记叙文，做总结时写议论文，研讨时讲散文，工作日志写的像诗歌，我们将这样的情形定义为“语文式”管理，语文通常没有标准答案，只有参考格式。

因此，将“语文式”管理转向“数学式”管理是企业家和管理者必须面对的挑战。管理的价值是通过有效的过程管控（Process），让较少的投入（Input）能够产出（Output）更大的成果。在这个 IPO 的公式中，投入端的预算是可以算出来的，产出端的财务结果也是可以算出来的，但对于多数企业而言，中间的管理过程却无法算出来，只能凭借经验和感觉估摸出来，这说明我们当前的管理面临着两端“数学化”、中间“语文化”的状态。数学为什么可以有标准答案？因为数学有公理、定律、公式、算法，数学式的过程管控同样需要有系统、逻辑、算法、原则。简单粗暴的任务导向、行为导向的过程管控导致预算和结果之间巨大的偏差就实属正常了（见图 0.1）。

图 0.1 企业管理：数学化—语文化—数学化

因此，我们用了近十年的时间，研发了 GPS-IE 管理改进系统™，就是希望帮助企业把“过程管控”从“语文式管理”走向“数学式管理”。语文式的艺术表达，通常是发散的，缤纷多彩、触类旁通，具备形象性、主体性和审美性，对别人有感染力。而数学式的管理，应该是系统的、严谨的和逻辑的，建立在统一思想、统一语言、统一动作的标准基础之上，更趋向于理性的、理智的和冷静的思考逻辑。企业运营效率主要看重投入产出比，以最小的成本达到最大的经营结果是所有管理者的追求，没有优秀的过程就没有优秀的结果，过程如果算出来不一定做得出来，但是算不出来往往更难做出来。

如果管理者都像前面的那个“不靠谱的医生”一样，会发生什么样的状况呢？董事会授权总经理设计了宏大的企业发展战略目标，为此进行巨大的投入，从技术、设备、厂房、员工、品牌等；为了提升运营的效率，总经理邀请了大量的管理者来担当各自的职责，希望这些管理者能够围绕企业目标的达成分析问题、解决问题、提升效益，但是这些管理者都眼巴巴地看着总经理说：“老大，管理是没有标准答案的，你看要怎么做，我们来配合你。”管理没有答案和没有给出管理答案是两回事，对于企业而言，管理者充当了医生的角色，不断地通过有效的方法论和工具来解决组织的问题，推动企业的绩效发展。

管理操作系统的升级

为什么企业空降职业经理人常常会失败？企业作为一个有机组织，是由硬件和软件构成的，硬件包括产品、人员、资金、厂房、设备、技术、供应渠道等，软件是将以上要素高效运转起来的操作系统。许多企业只重视看得见的硬件投入，却忽略软件的建设，这就好比一台硬件设备最先进的电脑，却安装上了 DOS 操作系统，靠命令来驱动程序，层级复杂，效率低下。当效率成为企业发展瓶颈时，高层管理者通常认为是“人的能力问题”，于是空降职业经理人就成为主要选择。职业经理人通常是专业导向的，他们能否充分发挥他们的专业能力取决于企业的系统支撑。企业发展瓶颈的形成不仅来自“人员能力”不足上，更体现在“组织能力”不足上。当组织系统能力足够强大时，对人员的能力依赖度会下降。因此，当空降职业经理人难以融入企业时，高层管理者不能只单方面指责经理人的态度和能力，也要从组织系统兼容性扩展的角度进行反思。

组织管理操作系统的设计需要统一的开发语言，正如 ERP、OA、CRM 等软件的设计需要 C++、.net 等编程语言一样。企业运营效率低下的一个原因是内部语言不兼容，财务部门喜欢使用财务语言，生产部门通常使用生产语言，销售部门有市场的语言，技术部门有技术语言，大家都希望努力说服他人，似乎都听明白了他人的意思但又似乎没有完全明白他人的意图。有人站在过去的角度说过去的事，有人站着今天的角度畅想未来，也有人站在未来的角度说着今天的事。

商学院也强化了这种“语言的鸿沟”，商学院的课程设置也是专业化导向的，课程设计、课程开发也是由不同专业背景的教授们各自完成的。如果教授与教授之间没有建立底层相通的语言逻辑，就会造成“拼盘式课程”现象。学员能够学到许多专业化知识,但未必能形成系统化能力。不论经理人专业背景、职能角色有何不同，大家首先是一个管理者，管理者就需要建立管理者的通用语言，才能够有效沟通、达成共识。

企业家的思想需要转化成可以传播的语言、文字和图像，才能更好地在企业内外部进行传播，反之，如果内部没有形成统一的语言模式，空降的职业经理人会自带其他企业和专业的语言模式，将使企业内的沟通变得更加复杂。如果一家企业无法快速兼容空降的职业经理人团队，也许该企业也无法兼容新的客户、新的供应商，但企业的发展又离不开新的团队、客户和供应商，因此，企业以“统一语言模式”的管理系统升级将成为企业快速发展的前提。

在供给侧改革的大背景下，企业发展的驱动从需求侧逐步走向供给侧，而组织能力的发展则是企业供给侧发展的重要部分。一个人，长期没有独立思考能力，人云亦云，会失去自己鲜明的个性；一家企业，长期没有独特的价值主张，只以赚钱为目的，也会失去有竞争力的风格。这么多年以来，多数中国企业以“需求”为驱动，但“客户的需求”不够稳定，年年变化，长此以往，企业成为为了赚钱而赚钱的“利益体”，以满足“客户的短期需求”为主要目的，这样的发展模式变得越来越缺乏竞争力，一旦客户需求快速升级或快速转移，这样的企业就会因为老客户流失、新客户没有着落而瞬间倒闭。

客户需求“快速升级”和“快速转移”的现象与互联网和旅游业快速发展大有关系，前者让客户快速掌握信息，从而增强依靠时间差、空间差和信息差来赚取差价模式的难度，后者让客户便利体验国内或海外的环境，“长了见识”的客户必然提高需求，由此催生了如“疯狂的马桶盖”的景象。当企业在认知、技术、组织能力、服务体系上无法升级并跟上需求变化时，落后产能随后产生。过去，跟风短期赚钱的企业也许会活得很好；未来，只有拥有长期自我发展姿势的企业才有生存空间。

人类的文明需要依靠“语言、文字、图像和故事”来传承，同样地，在新的形势下，企业领导人需要有新的思想来推动企业转型，领导人的思想也需要转化为“语言、文字、图像和故事”，才能让内外部人员理解且接受，将思想转化为统一的步调，支持企业的成功转型。

企业也是有机体

组织发展就像一个人的成长一样，也需要不断地进化和发展。企业是组织的一种，其战略目标是由高层、中层、基层协同实现的（见表 0.1）。

高层：相当于人体的大脑，负责解决“该不该”的事情，围绕战略和价值观进行思考，战略是取舍，价值观是取舍的依据。企业家怎么选择都有各自的道理，但如果选择背后的价值观不统一，就难以理直气壮地告诉员工、客户和供应商选择的理由，一方面导致他们在工作中面对选择时造成原则的紊乱，另一方面会影响他们对事业存在感长期坚守的信心。

中层：中层是核心，相当于人体的脊柱，负责解决“好不好”的事情，围绕流程和标准进行思考。流程是交付价值的过程，标准来自最佳团队的最佳员工的最佳实践。中层管理者需要通过流程和标准的优化来提升企业未来的效率和效益。

基层：基层管理者和员工相当于人体的四肢，负责解决“干不干”的事情，围绕计划和行动进行执行，计划是实现策略意图的步骤，行动是落实具体步骤的过程。基层员工的执行是企业价值实现的最后一公里，不管高层的战略设计得多么英明，中层的流程和标准制定得多么科学，没有有效地转化为员工执行计划，都无法获得准确的结果。

表 0.1　高层、中层、基层协同

管理层级	人体类比	负　　责	产　　出	德鲁克三件事
高层	大脑	该不该	战略、价值观	做正确的事
中层	脊柱	好不好	流程、标准	正确地做事
基层	四肢	干不干	计划、行动	把事情做正确

一个人是否健康，要看他的大脑和四肢是否可以协同运动，而大脑和四肢的衔接主要依靠脊柱和中枢神经系统。人和动物有两大区别都和脊柱有关，一是人能够直立行走，这与脊柱的发育有关；二是人可以认知和使用工具，因为大脑的指令会通过脊柱周边的中枢神经系统传递到手脚和各个器官，从而在大脑的统一指令下协调做动作。一个人如果脊柱受伤会呈现出瘫痪或者半身不遂的状态。一个瘫痪或者半身不遂的人，大脑其实是很清楚的，只是四肢无法做出大脑希望的动作。

企业也是一样。企业有高层、中层和基层，一个企业的组织能力取决于它的高层、中层和基层在管理动作上的一致性、协同性和有效性。其中，中层管理者的能力尤其重要，一个企业的中层不给力，这个企业也会呈现瘫痪或半身不遂的症状，尽管高层管理者说起企业的战略和价值观都很清晰，但基层员工的大量行为却不是高层管理者期望看到的结果。对于企业而言，大脑不发达会造成方向选择的混乱，脊柱受伤会导致半身不遂、四肢无力、没有结果。组织发展中的重点是发育脊柱的成熟度，如果组织的脊柱没有发育成熟，即使企业规模很大，也只能属于“低级爬行动物”，这样的物种在平稳外部环境下会依靠规模活得很好。一旦外部环境发展巨大的变化，这样的物种就难以做出快速且复杂的动作，来应对外部环境变化，从而失去转型升级的机会。

管理的错位

在现实工作当中，我们经常看到一些组织，存在以下症状：

- 高层经常关心的是“好不好”的事情。例如，人员的招聘、设备的维修、业务的开发、货款的回笼、政府的关系等。
- 当企业的高层关注好不好的事情的时候，中层就开始根据领导的命令，开始做具体的事情，进入“干不干”的阶段。例如，带头维修设备、带头跑市场、带头负责催款、带头维护政府关系等。
- 基层员工没有存在的价值，无事可干，于是他们经常在私下讨论这个公司“该不该”的事情。例如，公司的战略调整、公司的发展方向、公司的大政方针是否正确，公司的重大合作是否合理等，一副“指点江山，激扬文字，粪土当年万户侯”的样子。

这样的组织其实已经明显地开始错位，时间长了，就会造成“关系错乱”或“系统紊乱”。神经性系统错乱的结果，很有可能导致有机体的物理死亡。在管理上造成这种后果的原因，就是各级人员都不在自己的本位上思考和行动。《论语》中关于“君子务本，本立而道生”的论述，就是强调组织中各个角色要守本分、各司其职、泾渭分明，在什么岗位就要把本职工作所赋予的责任做好。当大家失去了自己的本分和本位的时候，会造成“事倍功半”的结局。本立而道生的“道”有两层意思：一是“规律”，因为失去本分，所以难以遵循规律去做事；二是“方法和路径”，当我们离开自己的本分，就很难找到解决问题的最佳方法，从而将简单的问题复杂化，加重了组织的内耗，削弱了组织能力。

管理的烦恼

个人烦恼的根源，往往来自能力的不足！

企业都是由小到大成长起来。最初的创始人，为了梦想和理想毅然上路、艰苦创业，打下了事业的根基。随着业务的发展，这个组织的规模、装备和硬件等都在不断地升级、成长、发展。改革开放以来，中国企业拥有了良好的发展环境和机遇，国家政策的逐步宽松、人口土地的红利、国家化进程带来的机遇，推动很多企业走上了快速发展的道路。企业由弱到强、由慢到快、由小到大，正如交通工具的升级一样，从自行车时代到摩托车时代，再走向汽车高铁时代，甚至走向航空航天时代。

只会骑自行车的人驾驭不了摩托车，只会开车的人驾驭不了飞机。但中国经济的滚滚洪流却快速地将大量非专业的管理者推上复杂的管理责任人的角色。企业发展进入高阶段，需要有更符合企业现状的管理者能够参与管理与运营，即企业已经进入了汽车时代，而我们管理者的驾驭技术却依然停留在摩托车时代甚至自行车时代，他们的技术和能力已经无法匹配企业的发展。

现实中很多人的名片上印的是总经理、总监、部门负责人的头衔，但是他们在识别组织环境、设计组织机制、推动人员发展、解决系统问题等方面，没有经过专业实践和训练，他们自己都不太清楚是否有资格来履行新的职责。能力不足的管理者不仅造成组织绩效的损失，而且影响了他自身工作和生活中的幸福感。驾驶技术高超的驾驶员会享受驾驶过程的乐趣，而驾驶技术低下的驾驶员却把开车的过程看成极大的负担。因此，提升管理者的能力不仅为了提升组织绩效，而且要从保护管理者身体和心理健康的角度出发。

做事的科学与做人的哲学

管理上如果希望降低烦恼，就要提升能力，也就是驾驭组织的能力。企业是人与事相结合的组织。做事讲科学，是为了寻找到目标达成的最佳路径；做人讲哲学，是为了保持人在工作、生活中的最佳状态。

做事的科学：每一个问题的解决，每一个目标的达成，理论上一定存在着一条最佳的路径，寻找这条最佳路径或者努力地、无限地靠近这条路径的过程就是追求“做事的科学”的过程,也可以称之为“科学精神”。管理是一门科学，由原理、模型、定义、工具、方法、流程、最佳实践等要素构成，一个人只要具有科学精神，持续探索，不断实践，总能够做好一件事情。正如欧阳修《卖油翁》中的主人翁一样，他卖了一辈子的油，倒油的技术炉火纯青，能够像一条线一样穿过铜钱眼，当被他人问到是如何做到的，他的回答是：“我亦无他，唯手熟尔！”

做人的哲学：能力的另一面是哲学层面的思考，以“认知”为核心。管理者如何认知自我，如何认知他人，如何认知组织，如何认知竞争对手，如何认知今天自我和未来自我，如何认知工作中的自我和生活中的自我，通过丰富这些认知，能够帮助管理者保持生活和工作中的最佳状态。有些管理者，刚刚进入一个岗位，充满斗志、加班加点、毫无怨言、状态奇佳，过了一年半载之后，却判若两人，无精打采、偷工减料、怨天尤人、精神低迷。为什么同样一个人，短短的时间内却呈现出截然不同的状态呢？是外部因素还是内部因素造成的？看起来都是外部因素，如工作不顺利、环境不具备、领导不认可、家人不支持等，但说到底还是由于自我认知不足造成的。在做这件事之前有没有具备完整的认知，凡事都有两面性，有顺利就有障碍，有人支持就有人反对，有成功就有失败；如果内心的认知足够完整和全面，就不会因为过程中的阶段性成功而沾沾自喜，也不会因为短期的失败而萎靡不振，紧紧盯住目标的实现，保持积极向上的状态，才是高效完成工作绩效的保障。

工作中大量的纠结源于认知与实践的不匹配，即认知跟不上实践的发展，理论上来说应该先知而后行，但实际上更多的是先实践，然后在实践中不断遇到障碍、困难与挑战，再通过学习与反思重新去完善和弥补我们的认知。有限的认识已经无法面对新环境、新技术、新政策的挑战，很多人由此会产生存在感的迷失，经常问自己：我这样做还合适吗？还有效吗？还有意义吗？这就是通常所说的老革命碰到了新问题。从认知的角度来讲，管理者成为管理者的那一刻，就应该思考：我与工作和部门是什么关系？我和员工、我和客户公司是什么关系？生活中的我和工作中的我是什么关系？只有不断地去探讨这些关系的合理性和和谐性，才能保持不断发展的心理状态，保持做人做事的原则与底线，拥有前进的愿望和动力。

一个关于认知的故事

九华山是中国著名的佛教名山，甘露寺坐落于九华山的半山腰上，住持藏学法师同时也担任九华山佛学院的院长，他的师傅原是九华山的大方丈仁德大和尚。藏学法师是湖北人，有一天，一位来自老家的老同学过来找藏学借钱，同学说无论如何要借他点钱，三个月后就还钱。藏学凑了几千块钱给了他的同学，可同学拿到钱后还说不够，就问藏学能否找他师傅再借点，于是藏学法师带着同学去找师傅，仁德大和尚听说后也借了几千块钱给他同学。

三个月的时间转眼就过去了，同学一点消息都没有，藏学就坐不住了，就找师傅仁德大和尚说："怎么回事啊，同学说好了三个月还钱，怎么现在一点声音都没有呢？"师傅说："你同学不是说三个月之后还钱嘛。"从这个故事里，藏学的认知是：说好的三个月时间，时间一到就得还钱。师傅的认知是：借不借钱是你的事，还不还钱是他的事。师傅把钱借出去的一刹那，对于这个钱已经放下了。这个钱没有还回来，一定有它的原因。有一天这个钱突然还回来了，师傅也不会高兴、欣喜，只会淡淡地说：放着吧。这就是大师，来也自然，去也自然，正是基于认知的相对完整，师傅才不会对这几千块钱产生纠结或怨恨的烦恼。

我们在平时的管理工作当中也会出现类似的状况，经常进行主观判断，什么是对？什么是错？当我们能够把关系想得更清楚一些时，就会发觉我们所认为"对的"或"不对的"，其实都是"相对的"，换个环境、换个对象、换个前提，原来坚持认为对的和不对的，都可能发生变化。

在管理改进过程当中，针对组织的战略目标，我们既要守住一些不变的要素，也要围绕变化的要素进行创新，只有抓住"变"与"不变"中间的关系，才能把复杂的问题简单化,这也是我们认知的一个体现。所以管理改进的过程，就需要从"做事的科学"和"做人的哲学"这两条线来同时思考。做事的科学线作为一条明线相对容易掌握，做人的哲学线作为暗线更考量管理者反思的能力和智慧。从长远来看，做人的哲学线又会潜移默化地影响到组织做事的科学线，沉淀下来，就成为组织的企业文化、亚文化、潜规则，虽然看不见摸不着，却实实在在地影响或推动组织的绩效发展。

越是企业的高层，越需要从"做人的哲学"中来寻找答案，越是企业的中基层，越需要从"做事的科学"中来寻找答案，只有长期坚持科学的精神，才有机会触及哲学的领域。反之，当科学的方法已经探索到了极致，恰恰需要哲学层面的突破才能辅助科学方面的突破。有的人很喜欢书法，通过遍访名师、刻苦练习，多年后也能写出一手好字。当他拿着自认为不错的作品来请大师指点时，大师也许会给出这样的评价：字还不错，只是匠气太重。说明此人要想让书法再上一个台阶，就不再取决于书法本身，而要在个人的修养、境界的追求、心性的修炼等方面下功夫了——正所谓心法大于书法！

什么是“真正的问题”

做事的科学线和做人的哲学线交汇点是问题，哲学家需要靠问题来引领自己的思考，科学家也需要通过实验解决各种问题来获得成功。同样地，管理者的职责也是如何识别、界定、分析、解决问题，解决问题的前提是要识别真正的问题。对于企业而言，一旦战略目标和年度目标确定之后，管理者每天关注的将不再是目标本身，而是由目标所带来的各种问题，无论是开会，还是私下沟通与交流，管理者都会被各种问题所困惑。只是现在需要提出来的是：管理者平时所关心并讨论的问题是“真正的问题”吗？

一家五星级酒店，他们的管理者会遇到哪些问题呢？我们采访了部分管理者，他们的回答是：

- 政策的影响；
- 员工的工资上涨快；
- 周边有多家竞争对手；
- 修路导致交通不便利；
- 菜品口味需要提升；
- 员工流失率高；
- 原材料价格上涨快；
- 客户更加的挑剔；
- 管理能力需要提升……

这个单子可以列得很长……然而，这些都是“真正的问题”吗？真的是真正的问题吗？

我们发现，其实这些并不是真正的问题，大多数是“症状”，有一些连症状都不能算，而是主观的判断和认知，甚至一种情绪的宣泄。然而，太多的管理者把这些“主观的认知和情绪”看作“问题”，并且花费大量的时间和精力来尝试解决这些“问题”。然而，这些虚假的“问题”却是难以解决的，因为它们不是“真正的问题”。

围绕问题的厘清，需要梳理如表 0.2 所示的六个基本概念。

表 0.2　六个基本概念

名　词	解　释
症状	看得见的表象
问题	现状与目标间的数据偏差
原因	导致症状的可测量的要素
策略	解决问题偏差的方法
计划	实现策略意图的步骤
结果	所有计划与投入的产出

为了帮助大家理解以上六个概念，我们用日常生活中去医院看病的例子来说明。

医院看病

一位患者去医院看病，医生首先会问他哪里不舒服，就是为了采集患者的症状。但是医生一定不会在症状采集上花费太多的时间，而是会开出检查单安排患者去检查或化验，这么做的目的是通过体检报告来了解患者各个指标的偏差，比如血压、血糖等问题。然后医生围绕这些数据偏差进行诊断分析，如果病情比较单一，那么专科医生就能做出诊断。如果病情复杂，就需要多个科室医生进行会诊，会诊的目的是为了找到病人的根本病因。接着，该患者的主治医生会给出医疗方案的建议，是做手术还是药物治疗，是住院还是回家休养,这就是治疗策略。然后,医生会告诉患者治疗过程及计划,患者需配合医生执行这个治疗计划。最后，患者需要阶段性地到医院复查，来评估阶段性的治疗成果，直到病症消除，恢复健康。

经常混淆的六个基本概念

在实际工作中，为澄清这六个基本概念，要从三个方面进行思考。

概念的混淆

管理者经常混淆这六个基本概念，比如“症状”与“问题”，很多管理者所表达的问题其实更多的是症状，前面已经有过大量的例子。“问题”和“原因”也经常被混淆，比如需要讨论一个具体的问题，一定会有人这样表述：因为什么。他其实都在描述“原因”。另外，有人经常将“策略”和“计划”混淆，比如需要解决一个问题，现在开始讨论解决这个问题的策略，马上会有人说：我立刻去找某某某。他的这个表达其实是“计划”中的一个步骤，如果没有能够在“策略”层面达成共识，跑上十趟也未必能够解决问题。

思考的逻辑

管理中我们常犯的错误在于看到了“症状”立刻会去分析原因，或者看到了“症状”立刻设计策略，甚至看到了症状直接制订计划，正所谓“眉头一皱，计上心头”。这种拍脑袋式的决策在具体工作中并不少见，但是不能够保证这种决策的正确性。

比如，很多企业每年都可能遇到“用工荒”的状况，于是大家认为“员工流失”就是一个关键问题，开始分析“员工为什么容易流失”，得出来的结论是“薪酬结构不合理”，给予的策略建议是“调整薪酬结构”。所谓“调整薪酬结构”，通常就是指增加岗位工资。当这个策略实施后，能够解决组织的问题吗？多数时候似乎并没有真正解决问题，因为从一开始思考的逻辑就出现了偏差。

“员工流失”并不是一个问题，只是症状，因为对于企业来说，员工流失并不可怕，可怕的是“该留的员工留不住，不该留的员工赶不走”。所以真正的问题是“提升企业高价值员工的保有率”，分析“员工为什么容易流失”和分析“高价值员工如何保有”是完全不同的。如果分析不清楚，按照“眉头一皱，计上心头”的方式确定了“普调岗位工资”的策略，结果不仅留不住那些需要保有的高价值员工，而且那些需要流失的不合格员工就更不愿意离开了。因为一方面岗位工资增加会加强他们留下的意愿，另一方面公司考核“员工流失率”的指标也会引导管理者将不合格员工留下来以降低该考核指标。

问题的描述

医生给患者看病，需要通过检查来确认患者的真正问题，然后才能给出治疗方案。如果一位医生只是简单地了解患者的症状，就立刻开出单据，让患者第二天来做某个器官的切除手术，这个患者无论如何也不会来做手术的。但在管理工作中，却有很多管理者在做这样的事情，看到一个管理症状，马上就确定某个策略或计划，当别人提出异议时，他甚至不高兴，这是典型的“不专业”且“任性”的行为，迟早会给企业造成损失。

管理者面对组织的发展目标，确定并描述问题就成了解决问题、提升绩效的重要环节，问题描述由主语、谓语、宾语和补语构成。

- 主语通常为第一人称，指本部门、本岗位或本人，确定问题的责任主体；
- 谓语是动词，通常表达为提高、加快、减少、降低等动词构成，表达问题解决的价值趋势；
- 宾语是名词，也是问题的关键词，用于确定问题解决的边界；
- 补语为量词的偏差，分别代表目标值和现状值的数量。

问题描述的举例如表 0.3 所示。

表 0.3　问题描述举例

主　语	谓　语	宾　语	补　语
销售部	将提升	销售额	3500 万 ~ 5000 万元
培训部	将增加	合格的员工数	65 ~ 85 人

管理需要“仪表盘”

各部门和岗位都要按照问题描述的标准设计问题库，从而形成“管理仪表盘”。一说起仪表盘，大家自然会想起“汽车仪表盘”。开长途汽车时如果没有仪表盘和实时数据，驾驶员对速度、车况、油况、距离等会胸中无数，不清楚下一步应该做什么，只能凭借经验和感觉来开车，而感觉和经验往往不太准确，迟早会让汽车产生故障或者熄火。

作为管理者，无论管理一家公司或者一个部门，从年初规划到年终总结，同样需要有仪表盘的支撑，用来反馈管理中即时指标的偏差，从而判断下一步的工作决策与计划。如果没有实时数据支撑的仪表盘，管理者无法说清楚自己的每一个决策背后的依据，以及确定任务与任务之间的逻辑关系。

在现实中，管理者有这样的“管理仪表盘”吗？据观察，管理者更多在用“黑匣子”指示工作。飞机上的黑匣子与仪表盘的区别在于结果数据和过程数据，如财务报表，是业务发生后经统计而生成的，对复盘分析具有意义，但难以指导管理者做出当下的行动决定。还有 KPI 系统，多数公司用来作为评价和考核工具，多为结果指标，如销售额、回款率、满意度等。这些指标可以指明方向，但也无法系统指引管理者做当下计划与预算决策。

管理者依靠什么驱动工作呢？客户和领导将即时性需求转化成短期任务，通过会议或命令推动管理者的工作。每月工作会议显得很重要，会上每位管理者会汇报上月工作内容和下月工作计划，但如把一个部门多个月会议记录放在一起来看，就会发现该部门工作任务的系统性、逻辑性、持续性、结果性难以建立起来，计划的混乱自然会带来管理中的浪费。

因此，黑匣子是基于结果统计的数据系统，仪表盘是基于过程和动作的指引系统，管理者掌握了这样的仪表盘，可以系统地推动各部门的工作协同和过程评估。本书中，我们将围绕“管理仪表盘”的设计、实施和评估与大家展开深入的探讨。

GPS-IE管理改进系统™概述

从 ATD 到 ISPI

两次世界大战期间，大量的有经验的产业工人被征募参战，大量的岗位人才缺失，需要迅速培养更多合格的产业工人满足需求。同时，第二次世界大战之后，大量的军工开始转向民用，也催生了士兵通过再学习来适应新岗位的需要。在这样的背景下，1943 年 4 月 2 日，在美国路易斯安那州新奥尔良成立了美国培训管理者协会（ASTD,后更名为美国培训与发展协会）。70 多年以来，伴随着科学管理理论、全面质量管理理论、精益生产理论以及系统管理理论等发展，ASTD 围绕人才的培训与发展，结合管理理论的突破，也与时俱进，从心理学培训，到行为主义、认知主义，再到教学设备自动化、培训效果测量，以及学习与绩效改进，直到 2014 年 5 月，ASTD 正是更名为 ATD，即人才发展协会。

培训和人才发展不是孤立存在的，需要服务于业务战略和业务实现的过程，同时，培训从业者也会不断地被业务部门的人员询问：培训到底能够解决业务的多少问题？带来多少价值？带着这样的困惑，一部分培训从业者于 1962 年在美国成立了另外一个国际组织：国际绩效改进协会（International Society for Performance Improvement，ISPI）。国际绩效改进协会的宗旨在于倡导人类绩效技术的应用与发展，50 多年来一直致力于提高组织、团队和员工的绩效。当前拥有来自美国、加拿大等 40 多个国家的一万多名会员，为世界各地的绩效技术领域的专业人员提供交流机会，为全球企业的绩效提升与组织发展提供可靠服务。

2012 年 9 月，国际绩效改进协会在中国成立了分会，从此，绩效改进的理念、方法和工具开始在中国得到越来越多的认可，大量的企业开始引进绩效改进来提升组织绩效和个人绩效。随着实践的深入，部分具有中国特点的模型、工具和原则开始逐步被总结、提炼并在项目实施中进行验证。

绩效改进的四大基础原则

在国际绩效改进协会多年来总结的各种模型、工具和原则中，RSVP 四大基础原则成为绩效改进体系中比较重要的原则之一。RSVP 是由四个单词的首个字母构成的，分别是关注结果（Result）、系统思考（Systematic View）、增加价值（Value）和伙伴关系（Partnership）。

关注结果（Result）

在组织绩效达成过程中，管理者需要关注各种要素的结果，包括战略的结果、职能的结果、过程要素的结果、动作的结果、策略的结果等。如果做不到以“结果为导向”，管理者就容易被“手段”吸引走了，手段固然也很重要，但是清晰目的同样重要，因此管理者不仅要关注当下的手段，还要关心能够支撑未来的目的。

系统思考（Systematic View）

系统思考是指在解决问题、达成目标的过程中，管理者要能够看到事物的全貌，而不只是局部。只有看到了全貌，才能够说清楚事物与事物之间的关系，而不只是事物的本身。系统思考能协助管理者了解事物的逻辑和下一阶段的趋势，从而找到长期的、根本的解决方案。

增加价值（Value）

组织绩效达成的过程，就是多个价值被不断实现的过程，围绕价值的实现，管理者要说清楚谁在创造价值、在什么环节增加价值、用什么方法来增加价值、如何评价已经创造的价值、创造的价值将要和哪些利益相关者进行分配等。

伙伴关系（Partnership）

组织绩效价值创造的过程，是由多个利益相关者共同创造的，这些人都将成为组织成长过程中的合作伙伴。因此，管理者需要清楚：谁是我们的伙伴、如何建立伙伴关系、如何提升伙伴关系、如何保持伙伴关系，只有获得越来越多伙伴的认可与支持，组织绩效才能够持续发展、生生不息。

GPS-IE 管理改进系统™

在从事了 20 多年的培训与发展工作后，笔者越来越感受到传统的“中介式”培训方式将受到巨大的挑战，当培训不能保证对业务发展起到支撑作用且对结果负责时，培训本身将受到越来越多的质疑。培训到底能不能为企业产生价值？为此，笔者开始尝试新方式，当时定义为“企业门诊”，主要形式是为企业多个部门的负责人配置顾问，这些顾问通常来自比这些企业规模更大、管理更加成熟的企业经理人。这样的模式看起来很美好，事实上那个时候也取得了很好的效果。但是，当我们组织这些顾问到现场辅导时，由于行业、专业和企业的背景不同，顾问对问题的看法也大相径庭，在很多方面的认识也难以达成共识，甚至在客户的辅导现场，顾问开始产生争执，谁也说服不了对方。

针对这样的状况，笔者意识到仅仅依靠实践的经验，是难以解决实际问题的。我们需要有统一的方法论来武装我们的团队。获得方法论的路径一是依靠引进，二是依靠自主研发。在引进过程中，笔者发现直接将西方的改进方法论移植到中国，会面临“水土不服”的状况。首先，欧美的商业化时间比中国更加悠久，组织的成熟度相对较高，他们的改进工具更偏重于在成熟组织下个人行为的改进；但是在中国，大量企业面临的困惑是组织体系不够完善，人员思想和行为也不成熟，所以需要的是系统的改进，不是局部的改进。其次，欧美的社会、经济、文化、价值观等大环境决定了企业文化相对简单，在改进中只要改变环境和员工行为，绩效就能够得到提升；而在中国，这种环境将更加复杂，历史情感与现实利益的纠缠，看得见的制度与看不见的规则之间的交错，大干快上的发展机遇和随处可见的业务风险的平衡等纵横交错。经过深入研究，笔者决定在借鉴 ISPI 原则的基础上，更多地根据中国企业的特征来进行自主研发，形成属于我们自己的改进方法论和模型。

经过六年多的探索，GPS-IE 管理改进系统™（见图 0.2）于 2011 年基本成型。随后的几年中，我们将该模型应用到大量的企业改进项目中，其强大的逻辑性、系统性和可操作性的特点均得到了很好的验证。同时，每年的 ATD 年会和 ISPI 年会，笔者也带着 GPS-IE 管理改进系统™的实践案例到美国、韩国、加拿大以及欧洲进行分享，获得了大批国际绩效改进大师和同行的认可。

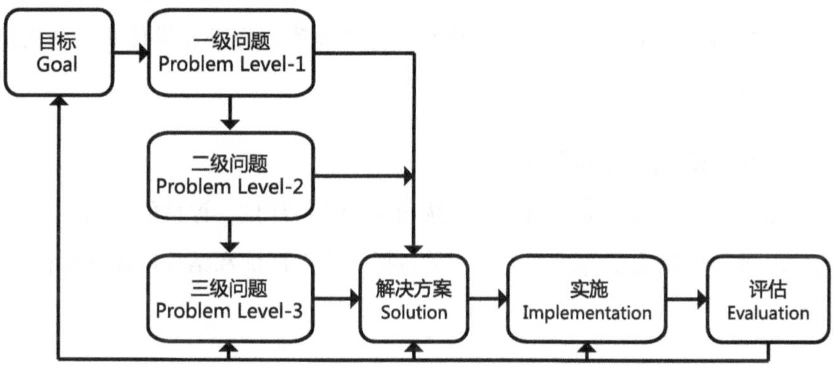

图 0.2 GPS-IE 管理改进系统™

GPS-IE 代表了五个单词的首个字母，具体为：G（Goal）澄清战略目标、P（Problem）识别关键问题、S（Solution）设计解决方案、I（Implementation）推动计划实施、E（Evaluation）评估改进效果。

G（Goal）澄清战略目标

在组织绩效改进过程中，各部门和岗位均需从企业的战略目标出发，形成长远的、统一的、持续的方向，达成企业的战略共识是各部门和岗位改进的前提。

P（Problem）识别关键问题

达成战略目标后，各部门需要区分清楚各自的问题类别，包括结果性问题、驱动性问题和动作性问题三种，这三种问题形成层层分解、环环相扣、反向支撑的关系。

S（Solution）设计解决方案

根据问题类别的分解和测量，各部门将找到各自的关键问题，对关键问题进行原因分析并找到最佳策略方案，先从策略试点开始，一旦验证通过，则进行规模化推广和复制。

I（Implementation ）推动计划实施

对于确定的策略意图，需要转化成可执行的步骤，并通过过程实施、督导、复盘、优化对实施的步骤进行持续优化，形成流程、标准和最佳实践的案例，沉淀组织智慧。

E（Evaluation）评估改进效果

实施过程中对过程中的组织、团队和人员进行评估，评估的目的不只是为了奖惩兑现，更是为了持续改进。评估包括形成性评估和结果性评估两种。

解决问题的三大前提

要有效地解决企业的问题，就需要对解决问题的三大前提达成共识：把别人的问题转化成自己的问题、把过去的问题转化成未来的目标、把演绎的问题转化成事实的描述。

把别人的问题转化成自己的问题

在无数次的课程、工作坊、演讲、沙龙活动的现场，笔者都问这样的问题：在工作中，大家是说别人的问题多，还是说自己的问题多？绝大多数的职业经理人都会这样回答："说别人的问题多。"

别人是别人问题的主人，自己是自己问题的主人。

在组织中，各岗位在享受着组织给予的薪酬、福利、待遇、奖金的同时，都被赋予了各自独立的职责和任务，他们需要完成本职工作，为组织创造价值，还要不断地完成自我学习和职业成长。经理人如果每天不去关心自己应该做什么、自己应该为组织创造什么价值，而是经常说别人的不是和缺点，是难以为组织创造价值的。他们经常花时间和精力去"关注别人"，而失去了思考如何出色地完成自己的工作。这种做法会带偏了企业文化和部门文化，向员工传达不良的、负面的信息。

因此，为了组织的健康发展和自我成长，我们都要学会"把别人的问题转化成自己的问题"这一原则。

很多组织中都存在一个"抱怨链"：销售部门抱怨生产的不按时交货，生产的产品质量不好；生产部门抱怨采购的库存不够，时间不及时；采购部门又抱怨财务不按时付款，对供应商回应不及时；财务部门又抱怨销售部门回款不及时……如此循环往复。这种场景持续了很多年，而且可以预见的是，如果不做改变，这种症状表现出来的冲突会越发激烈且永远存在。

所以我们需要做出改变，要把别人的问题转化成自己的问题。要建立内部客户的意识，所有人后转 180 度。财务部要考虑如何帮助采购部改善供应链关系，采购部要考虑帮助生产部把控产品质量和交期，生产部要考虑帮助销售部改善客户关系，销售部要考虑帮助财务部改善现金流等。当大家都这样思考后，企业的问题就会越来越少，担当责任的人就会越来越多。

生活中也存在类似的例子，在小区狭窄的道路上经常会有两辆车"相对而行、狭路相逢"的情况。以往大家都发自内心地希望对方能让步、先往后倒车，但由于双方都期待对方先让，导致的结果是大家都不行动，浪费时间。如果大家能换位思考，把别人的问题转化成自己的问题，自己主动及时倒车，对方往往也会谦让，往往最能节约时间，避免僵持、冲突或者发生口角，有效地解决问题，而且还能够获得良好的心情。

作为管理者，不要轻易说员工（别人）不敬业、没有执行力、能力不够，而要反思管理者该做些什么才能让员工更好地完成工作。不要轻易说竞争对手（别人）不择手段，而要转化成我们要如何应对来自客户新的需求和来自竞争对手超常规的竞争。一个组织中大家都把问题的主语从第二人称、第三人称转化为第一人称，都能把别人的问题转化成自己的问题，那么这个组织将变得更加美好。

把过去的问题转化成未来的目标

我们以往讲问题，大量的是说过去的问题，比如管理者进入一个新的岗位，经常会抱怨前任留下的烂摊子，遇到经营困难时，总是经常回忆去年怎么样、以前怎么样、想当年怎么样等，而且都喜欢强调自我特殊性。其实大家的思维都习惯于停留在过去，但管理者的眼光不能总停留在过去，过去的问题都是过去的思维和行为形成的，管理者要解决未来的问题，为组织创造未来的价值。目前多数管理者的眼光最远以一年为单位，因为企业通常实施的是年度规划、年度预算和年度考核。看起来涉及年度计划，其实更多的管理者每天真正考虑的却是:先把这个月混过去再说。当管理者以月、周甚至日为单位进行思考时，必然关注紧急的事情多于关注重要的事情，不知不觉中成了一个个的“救火队长”。

就好比开车，驾驶高手和菜鸟驾驶员哪个在开车时保持眼光更远？当然是驾驶高手，菜鸟驾驶员由于技能不高，全身紧张、紧握方向盘、眼光只看近处，于是他一会儿踩油门，一会儿踩刹车，忙得不亦乐乎，造成车辆行驶不够稳定，事故率提高，油耗也很高。而驾驶高手会轻松地坐在驾驶舱，单手扶着方向盘，听着音乐，哼着小调，眼光看得比较远，所以驾驶中的预判性就比较强，他的车身稳定性好，油耗和事故率也低。

传说中“扁鹊三兄弟”的故事,就说明了这一点。扁鹊的大哥能治“未病”,即未发之病,病人根本不知道自己的病因已经被根除。二哥治疗轻微的小病,属于早期的症状,因此只在村里知名。而扁鹊却只能在病人病情严重之时,在经脉上穿针管来放血、在皮肤上敷药,所以病人认为他的医术最高明,享誉天下。但其实,大哥的医术最高明。

管理者需要为组织创造未来的价值,职业经理人都应当着眼于未来,未雨绸缪才是较好的管理,亡羊补牢式的“问题分析与解决”是“马后炮”、“事后诸葛亮”,即问题已经发生了,已经给组织带来损失了,我们才去解……因此,企业风险管理部门的作用,如银行中的风险管理部,其实就是危机预防机制的制定者和执行者,其职能应该是“预防”大于“救急”。

中国人都比较喜欢回忆过去,有着浓厚的历史情节,家乡对于每个人都意味着记忆和痕迹,逢年过节,亲朋聚首,经常遥想当年、回忆过去。我们的影视作品,也以历史题材居多;而美国的大片,则多数以未来科幻的方式来秀实力和价值观。作为管理者,更多地需要用“未来心”创造未来的价值。

通过多年的观察,有一种人,无论是在什么样类型的组织中,都能够得到快速发展与晋升。这样的人通常具备三个特质:

第一,敢于思考未来;

第二,勇于超越领导的期望并愿意承诺;

第三,能够坚持长期说到做到。

这三个特质中,首当其冲的就是“敢于思考未来”,因为不管你愿意不愿意,未来总会到来,你是被动地等待未来的到来,还是主动地规划未来恰恰是自己可以选择的。部门级以上的管理者思考未来的时间段一般为三年,至少也要两年。凡事预则立,不预则废。

一个人,不为未来着想,是没有前途的。一个国家、一个民族,如果只一味地回忆过去,也是没有希望的。管理也是如此,管理者必须向前看,把大部分的精力放在经营未来上,这样的企业才有希望,队伍才更有朝气和斗志!

把演绎的问题转化成事实的描述

什么是演绎？基于个人的经验、假设和感觉，得出各自结论或主观推论的过程，称为演绎。

人和人之间的大脑结构差不多，只是心智模式差别很大。心智模式与每个人的生活环境、阅历、情感经历、教育程度等有直接关系，不同的人对同一件事会有不同的观点和结论，不同的观点在团队中难以达成共识，大家会产生不同的认知。

比如，我们会用很多形容词去描述一个会议室：气氛热烈、金碧辉煌、宽敞明亮等。但这些描述不是所有人都能达成共识，因为每个人在说的时候，对这些词语的定义其实是不一样的。在工作当中，我们也往往用同样一个词，表达不同甚至有时候完全不同的意思。主观演绎，就是对一个事实通过自己的系统对外进行描述，因此加入了自我的主观认知，与事物的原本属性、性质、特征等产生了认知的偏差。

如果换成事实的描述，相信大家就能很快达成共识：这个会议室的长度和宽度，有多少盏灯，每盏灯的瓦数是多少，有多少人参加会议，会议讨论了哪些问题，等等。这样基于事实的描述，大家也就能认同了。

那么事实与演绎的区别在哪里呢？事实，往往一经说出来，其他人会立刻无条件地同意。而演绎，由于每个人的标准不一样，因此，我们会经常看到“鸡对鸭讲”、“驴唇不对马嘴”、“公说公有理婆说婆有理”等现象。这些现象如果发生在企业日常管理中，就会造成难以计量的损失。

作为管理者，平时的表达往往演绎多于事实。由于工作中存在大量的演绎，因此，每一个主观演绎之后，我们都试图用大量的数据去支撑和证明。例如，某某员工积极向上、工作认真、勤恳耐劳，市场太困难，员工太不给力等，这些都需要大量的事实和数据加以证明，才能作为下一步管理动作提供的基础和证据。如果缺乏事实数据的支撑，演绎就成了理由、说辞和情绪。演绎的价值在于个人情感和情绪的表达，而事实的价值在于支撑个人的专业性，所以管理者需要通过事实和演绎的调和，一方面显示专业性，另一方面体现管理中的个人魅力。

在日常工作和汇报中，我们都应该将演绎的问题转化为事实的描述，只有这样，我们的管理沟通才会高效和准确，我们才能被称为专业的管理者，才能支撑企业管理这道严谨的、逻辑的、量化的“数学题”。

第1章

目标G：澄清战略目标

> 有依据、有准备的调整称为“转型”，没有依据、没有准备的调整称为“逃跑”。

相对于企业整体战略来说，业务战略是支撑整体战略实现的重要板块，本书讨论的重点将围绕业务战略转型的设计、分解和执行来展开。企业整体战略的达成转型，需要有多条业务线相互协同、支持、掩护，每条业务线都有它的基础定位，首先要说清楚的是业务的愿景、使命、价值观和战略。

愿景是期望该业务成为一个什么样的业务，为谁提供经营服务，通过市场的聚焦，能够集中有限的资源和精力，准确地为服务对象创造价值。愿景帮助成员建立起立足未来追求的场景描述。

使命是该业务将改变什么，什么会因为该业务而不同，给客户带来什么与众不同的价值。使命帮助成员形成超越短期利益的神圣感。

价值观是该业务未来选择的依据是什么，价值观如果不稳定，成员对业务发展中的选择原则将变得模糊，所以价值观将指导业务发展中成员的行为选择。

战略是该业务未来的目标是什么，实现的基本路径有哪些。达成目标的路径有很多种，该业务将选择哪些路径才能够保持可持续发展。

业务战略目标是业务发展的灯塔，如果业务战略不明确，该业务就会成为航行在茫茫大海上的轮船，没有方向，无法指引内外部合作伙伴齐心协力，共创未来。传统的业务战略设计的特点是“用历史的数据预测未来”，这样的思路需要有一个前提，即环境是稳定的。在外部环境变得越来越不稳定、不可控、不可预测的情形下，如 VUCA，战略设计往往会变成“赌场押宝”。如何能够提升业务战略转型的成功率？我们将尝试通过业务战略转型的四个阶段，来构建战略设计中的基本规律和背后的逻辑。

业务转型的四个阶段

按照业务发展中“新增市场空间”和“客户成熟度”两个维度，可以将业务分为以下四个阶段。

萌芽期：新增市场小，客户不成熟。

起步期：新增市场大，客户不成熟。

发展期：新增市场大，客户成熟。

成熟期：新增市场小，客户成熟。

萌芽期

企业转型需要不断培训新的业务，萌芽期是新业务的孕育阶段，新业务能够批量地孕育成功，对企业未来的持续发展起着决定性的作用。新业务通常的特征是“新”，包括新技术、新产品、新模式、新市场、新团队等。正因为一切从头开始，甚至没有任何可以遵循的经验和数据，所以新业务的开发注定是一场充满挑战的旅程。

在这个阶段中，大规模的市场需求没有被激发，未来的客户还不了解该业务，他们会抱着怀疑的态度面对新事物。为此，他们不会快速地为新业务埋单；供应商也看不清业务发展的前景，不敢也不愿参与进行大规模的投入；在这个阶段参与进来的投资人通常被称为“天使”投资人，天使是指那些有爱却没有企图的人，他们投资主要看重业务开发的人而不是业务本身。

业务流程、标准、政策等都需要尝试、验证、修正等，员工队伍也不够稳定，经过长时间的努力，最终业务无法大规模推广，导致员工流失的情形也常有发生。总之，在业务萌芽期是一个“寂寞的季节”，就像冬天一样，气候寒冷，万物冬眠，看起来一片萧条。但是，冬天恰恰是孕育希望的季节，瑞雪兆丰年，越是寒冷的环境往往越能够培育出伟大的新业务。

起步期

业务的起步期是春天，大地回暖，万物复苏。这个阶段中，市场需求开始破冰，新增市场迅速放大，该业务也会吸引大量的企业注意并跟进。这个阶段的业务主要特点是“快”，包括业务增长快、需求变化快、竞争转化快、政策调整快、员工发展快等，业务进入了热血沸腾、人心激昂的阶段。

这个阶段的主要矛盾是需求大、客户不成熟、供给完善，快速放大的需求，导致更多的企业投入该领域，但此时客户对该业务的认知和理解并不成熟，业务没有形成通用的标准，大量的精力和资源被消耗在关系建立、需求澄清、质量修补等业务活动上。客户由于担心成为不成熟供应商的“小白鼠”，变得更加的谨慎，他们需要了解多家供应商并反复交流后才能够做决定，而且初始的业务规模也不会太大，于是各个供应商为了获得该业务的先机，就会不遗余力地推动和客户的合作机会，关系战、价格战、服务战就不可避免。

提前到来的战争会很快扰乱业务的良性发展，需要有快速成长为“老大”的企业来平息纷乱的状态。这个阶段中，供应商、员工、银行、投资人等利益相关者会选择站队，看似繁荣的市场中充满了不确定性。起步期就像春天一样，生机盎然、蓬勃发展，具有优良品质的种子会迅速破土而出，把握大好的春光，茁壮成长，成为春天的主旋律。

发展期

业务的发展期是夏天，在充足的阳光、雨露的滋润下，万物快速成长，但此时，狂风、暴雨、烈日等自然灾害也会随时光临。进入发展期的业务，新增的市场继续保持，并且客户变得更加成熟，成熟的客户对业务形成了理性的识别能力，业务进入的门槛越来越高，已经进入的企业面临着老客户一轮又一轮的挑战。

这个阶段的业务主要特点是“稳”，包括市场增幅稳、客户需求稳、供应链关系稳、员工队伍稳、竞争态势稳等，业务进入了稳健发展、运营为王的阶段。这个阶段的主要矛盾是运营失误导致客户投诉，组织壮大导致机构臃肿，竞争对手势均力敌导致资源消耗，外部资源加大进入导致决策效率放缓等。

进入发展期的业务从“春秋”走向了“战国”，少数几家企业抢到了入围的门票，竞争格局开始分化，几个大佬进入“竞合”阶段，希望通过竞争获得更大的市场份额，通过合作来保持业务的整体利润空间，但处于外围的小企业期待进入核心层，他们往往采用低价、特色服务等策略而成为搅局者。客户为了不被供应商所控制，会采取多家供应商合作的方式，保持供应商的竞争态势，来维持甲方的主动地位。在运营中由于产品质量、合作政策、人员异动等变化因素造成客户不满意的情形往往会成为竞争对手侵占份额的好机会。

所以在这个阶段中，大家的竞争关键在于运营能力，政策、流程、标准的稳定性决定了客户关系的持续稳定。发展期就像夏天一样，万物恣意生长、充满生气，但也会随时遇到危机，面临灭顶之灾，发展还是维持、求快还是求稳、做大还是做强成为夏天里业务负责人的主要纠结点。

成熟期

业务的成熟期是秋天，秋天是收获的季节，秋高气爽、万物归仓。一年中的收成主要看秋季，秋季储备不足，就将面临艰难的寒冬。进入成熟期的业务，新增的市场开始下降，客户却更加成熟。这个阶段的业务主要特点是“创”，包括创新技术、创造产品、共创模式、共创机制等，业务进入了创新驱动、模式复制的阶段。

成熟期中某些客户的成熟度甚至已经超越了供应商，他们会提出更加超前、细分、个性化的需求来等待满足。如果企业为了满足个别客户个性化的需求，则无法产生规模化的效益；如果不理睬客户的这些需求，则容易被老客户所抛弃。这个时候的业务陷入两难的选择境地，如果被动地满足客户的小规模需求，企业很容易被拉回到起步期的阶段，无限度地消耗精力，没有获得效益的同时，还会导致客户的不满意。

成熟期的业务需要从“追随客户需求”的阶段走向“引领客户需求”的阶段，通过采集新老客户的需求，加强技术的研发、产品的开发和模式的设计，迅速站到市场中“不可替代”的位置，将新老客户纳入“共赢生态圈”中，从而完成业务从量变到质变的转型。

这个阶段的主要矛盾是技术升级、产品升级、模式升级带来组织变革、流程优化、人才发展等，部分老员工会因为不适应而选择离开企业，部分客户因为跟不上企业的发展而被淘汰。同时，运用核心技术和数据进行业务并购来扩张成为重要手段，这也给企业的发展带来了全新的机遇。总之，成熟期就像秋天一样，生存还是死亡成为这个阶段的关键词。没有能够转型的业务会很快萎缩，而转型成功的企业才会骄傲地说：冬天来临，春天还会太远吗（见图 1.1）？

图 1.1　业务转型四阶段

业务的三大盈利模式

业务盈利模式简单地说可以分为以下三种。

差价模式：传统商品贸易多数采用差价模式，低价进货，高价卖出，赚取其中的差价部分。

服务费模式：给客户提供服务来获取利益，一方面服务本身可以获取收益，另一方面服务可以掩护原有产品的差价。

平台化模式：通过挖掘现有资源来获取衍生性收益，可以运用平台的价值销售自己和他们的新产品，也可以通过平台的价值互换资源获得价值。

差价模式

差价模式是过去几十年来多数企业的主流模式，因为差价模式的本质是贸易，包括时间差、空间差和信息差三种方式。差价模式的业务很容易上规模，但差价模式由于模式简单导致竞争壁垒较低，当更多竞争对手涌入后，很容易形成“价格战”的困境。因此差价模式的业务规模看似很大，但却因低价、垫资、库存、价格波动等原因导致利润越来越薄，业务风险越来越大。

服务费模式

当差价模式难以维持的时候，企业开始考虑转型，转型的主要方向是服务，如系统集成企业开始做 IT 服务，家具企业开始做设计服务，大型设备企业开始做维保服务等。但服务转型看起来很美好，过程却异常艰辛。因为服务需要有大量的投入，并且短期的回报难以看到，所以服务转型中就不能为了“服务”而服务，而要带着两个目的来开展服务，即探索面向未来的服务模式和沉淀服务过程的数据。通过这两个方面的积累，为平台化模式转型打下基础。

平台化模式

互联网的快速发展,激发了很多企业的互联网思维,大量企业虽然处于“差价模式”的阶段,但心中都拥有伟大的“平台化”梦想。平台化其实是一场“勇敢者的游戏”，最终只会少数人胜出，因为平台化的特点是“赢家通吃”，要么做老大，要么死亡，互联网界很难存在第二名就是这个现象。平台化转型的过程必然是一场场腥风血雨的战争，没有坚定的愿景、充足的资源、坚韧的品格和扎实的质量，参与者往往难于走到最后。

平台化模式有以下四种方式：

- 运用平台卖自己的新产品；
- 运用平台卖他人的新产品；
- 运用平台的数据资源进行交换；
- 运用数据进行资本运营。

未来无论并购他人还是被他人并购，业务数据的重要性会越来越大，投资界的“赛道”和“赛场”的投资逻辑，背后是业务关联数据的逻辑。

家装行业的业务转型

家庭装饰行业是伴随着中国房地产行业而快速发展的，起步期业主通常对装饰没有太多的概念，家装公司的盈利模式以“差价模式”为主，即赚取人工差价和材料差价。随着房地产行业的快速发展,一大批家装公司也迅速发展起来,很快进入了“价格战”的阶段,纷纷推出“整包式”的服务方式，即给业主承诺在使用品牌材料的前提下按每平方米价格报价。但有些家装公司却看到了服务增值的机会，随着二次购房的增多，业主逐步意识到房子的装修品质对生活很重要，于是这些家装公司开始加强设计服务，甚至进行设计收费，从而吸引优秀的设计师为业主服务，这样的方式能够切割优质的业主市场，因为只有高端的业主才愿意为设计埋单，这样的订单往往价格和利润都会很高。当家装公司获得优质业主资源后，就能够吸引大量的供应商支持，这些家装公司会快速地将原有的材料展厅升级为建材精品市场，不仅能够赚取差价和服务费，而且能够获得房租、广告、进场赞助等平台费。通过整合这样的平台模式，形成设计团队、优秀供应商、优势施工团队的三位一体的模式，到各大城市进行复制，从而推动了企业健康、快速的转型。

互联网思维也是平台化思维，只是互联网技术的出现，让平台化模式的功能发挥到了极致，采用免费甚至补贴的方式来获取客户端的流量。例如，搜索引擎免费提供给大众使用，但是可以通过广告链接、竞价排名等方式获取利润。传统企业在向互联网转型过程中，面临最大的挑战是如何从差价模式走到平台化模式，没有模式的创新和数据的积累，靠投资人的资金来烧出模式和数据，这样的方式会面临越来越大的挑战。IBM 的转型过程值得大家参考。

IBM 的转型

自 1911 年成立以来，IBM 已经完成了多次转型。IBM 每次转型都受到大的时代背景和自身压力影响，“第一次转型是由于当年巨大的亏损和故步自封；第二次转型是受到 2000 年互联网泡沫破灭的影响”。

从最早的打字机产品到计算机，IBM 的业务以硬件的“差价模式”为主，直到 1993 年 IBM 进行第一次转型，开创 IT 服务模式。当年 IBM 一年亏损 81 亿美元，郭士纳临危受命，在 1993 年“愚人节”当天接管了 IBM，确立了公司从硬件厂商向服务转型的大策略，开创 IT 服务的模式，被人们称为“大象跳舞”。

2000 年互联网泡沫的破灭殃及计算机、通信等行业，到 2002

年第一季度，IBM已经连续第三季度出现利润及营收下滑。随后，2002年IBM进行第二次转型，被称为“随需应变”战略，进一步提升“服务模式”。IBM开始向客户提供对方需求的任意解决方案，进入咨询服务领域，包括整合硬件、软件和服务在内的产品和合作伙伴的产品。

到2009年，IBM提出了“智慧地球”的概念，从此，智慧城市、智慧医疗、智慧教育等说法也得到大范围的推广，直到2015年年底，IBM宣布进行第四次转型，以及成为“认知解决方案和云平台公司”，并认为过去积累的数字智能将推动新业务时代，称为认知商业。这次转型也被业界认为是IBM具有颠覆性的一次产业转型。在此次转型中，IBM公司发现，计算将成为一种通过大型数据中心产生并通过网络交付的服务。

不仅高科技企业会遵循差价—服务—平台的转型逻辑，传统企业的转型也一样，比如中国台湾的著名企业台塑集团在创业初期的情形，也验证了这套逻辑的原理。

王永庆卖大米

1932年，16岁的王永庆在台湾嘉义开了一家米店，从此踏上了艰难的创业之旅。那时，小小的嘉义已有米店近30家，竞争非常激烈。当时仅有200元资金的王永庆，只能在一条偏僻的巷子里承租一个很小的铺面。他的米店开办最晚，规模最小，更谈不上知名度，没有任何优势。在新开张的那段日子里，生意冷冷清清，门可罗雀。

显然，进入市场较晚的米店依靠“差价模式”很难打开局面。可怎样才能打开销路呢？王永庆决定从每一粒米上打开突破口。那时候的中国台湾，农民还处在手工作业状态，由于稻谷收割与加工的技术落后，很多小石子之类的杂物很容易掺杂在米里。人们在做饭之前，都要淘好几次米，很不方便。但大家都已见怪不怪，习以为常。王永庆却从这司空见惯中找到了切入点。他和两个弟弟一齐动手，一点一点地将夹杂在米里的秕糠、砂石之类的杂物拣出来，然后再卖。一时间，小镇上的主妇们都说，王永庆卖的米质量好，省去了淘米的麻烦。这样，一传十,十传百，米店的生意日渐红火起来。

在服务上改进一点点就带来了很大的进步，王永庆并没有就此满足。他还要在米上下大功夫。那时候，顾客都是上门买米，自己运送回家。这对年轻人来说不算什么，但对一些上了年纪的人，就是一个大大的不便。而年轻人又无暇顾及家务，买米的顾客以老年人居多。王永庆注意到这一细节，于是主动送米上门。这一方便顾客的服务措施同样大受欢迎。当时还没有“送货上门”一说，增加这一服务项目等于是一项创举。

王永庆送米，并非送到顾客家门口了事，还要将米倒进米缸里。如果米缸里还有陈米，他就将陈米倒出来，把米缸擦干净，再把新米倒进去，然后将陈米放回上层，这样，陈米就不至于因存放过久而变质。王永庆这一精细的服务令顾客深受感动，赢得了很多顾客。

通过“送货上门”和“倒米入缸”的服务，王永庆能够记下这户人家米缸的容量，并且问明家里有多少人吃饭，几个大人、几个小孩，每人饭量如何，据此估计该户人家下次买米的大概时间，记在本子上。到时候，不等顾客上门，他就主动将相应数量的米送到客户家里。通过这样的服务，王永庆不仅摸索了“主动营销”的营销模式，而且采集了大量的客户数据，为他后来多种经营、扩大生意打下了坚实的基础。

业务的驱动关系

业务战略的实现需要有相应职能的驱动，如果驱动关系不准确，就会导致组织的驱动力下降。业务在发展的不同阶段，驱动这项业务的关键职能也会发生变化。处在萌芽期的业务，要依靠机会驱动，负责新业务拓展的部门，就需要进行大量的市场调研、参与行业会议、访谈标杆企业，通过这些方式来接触外部信息，获取新业务的机会；当业务进入起步期后，市场份额很低，客户对业务的认知不成熟，该业务想要生存下来，需要重点依靠销售部门，销售部需要寻找、开发客户，推动客户成交，协助这项业务生存下来。这个阶段中研发部门要站在业务部门的角度，去帮助其开发新客户、推动成交、扩大购买。起步期阶段的驱动部门是销售部门。

随着业务的发展，它的市场在进一步扩大，老客户不断增多，说明业务进入了发展期，能否留住老客户的同时，还能够吸引大量的新客户，就需要企业加大“运营能力”的建设,这个阶段的驱动变成以组织运营和人员能力驱动为主，通过提升运营能力，提升新老客户的满意度，逐步发展到能够精准定位该业务的客户。到了业务的成熟期，老客户继续购买的原因是什么呢？是因为和销售部门关系好，销售部更加积极地服务客户而去下单呢？还是因为研发部开发出了更符合他们的产品才下单呢？答案往往是后者。到了成熟期，客户更看重的是产品的价值而不只是销售人员的价值。进入了成熟期的阶段后，驱动部门从销售部转为研发部，销售部门就要把研发部当做自己的客户，从过去的拜访客户、开发客户、推动客户首次签约等的市场开发的职能，转变为采集客户的需求、采集竞争对手的动向、提供新的商业机会和产品机会给到研发部的客户服务和顾问的职能，去协助研发部开发出更好的产品，去吸引客户的重复购买。

业务四阶段的驱动关系如表 1.1 所示。

表 1.1　业务四阶段的驱动关系

业务阶段	驱动职能	获利点	关键价值
萌芽期	机会驱动	敏锐	获取市场数据
起步期	销售驱动	灵活	积累客户数据
发展期	服务驱动	稳定	积累运营数据
成熟期	技术驱动	创新	积累技术数据

保险行业在中国的发展时间为 20 年左右，最开始，保险行业基本属于一片空白，大家都要攻城略地，所以业务部每天靠陌生拜访、会议营销占有了很多客户。可是到了今天，大多数保险客户都已经拥有了稳定的保险供应商，空白市场已经变得很少了。那么，在这种情况下，如果还是去依靠业务人员陌生拜访去搞活动，这种方式效果越来越差。所以，这时公司的驱动部门应该从业务部门转向产品设计部门，或者转向客户服务部门。

某服装企业的业务转型

在江苏有一家服装企业已经经营了 15 年多，他们的客户中有 95% 是合作了超过 15 年的国外客户，由此说明该企业业务已经进入了成熟期。其董事长一直以来都有一种感觉，认为他们业务部的同事和设计部同事之间的合作不够紧密，也多次提醒业务部人员要多和设计部交流并合作，但业务部总是不以为然，他们认为公司多年来的发展主要依靠的是业务部门的开疆辟土，设计部只是协助业务部进行设计、打样、修改等工作。

诚然，在业务的起步期，企业主要依靠业务部四处参加展会、出国拜访等活动获得订单，但是现在业务进入了成熟期，客户要下新的订单，是继续看重业务部门的拜访，还是更看重设计部门设计出了更加畅销的款式？当然是后者，因此该企业的业务已经从“销售驱动”的阶段转型到“技术驱动”的阶段。

董事长明白了这个原则后，立刻采取了以下几个措施：

- 将设计部设计为设计院，有他本人亲自分管；
- 将设计部员工从偏僻的办公室搬到公司最敞亮的办公室里，并升级设备；
- 推动设计部人员参加国际和国内的设计大赛，并将获奖作品悬挂到公司显眼的位置；
- 在公司年会上，请设计部同事带着作品上台走秀，与客户互动；
- 调整制度，规定设计部做出“爆款”产品后，该产品的收入中留下一定的比例给设计部。

通过以上的具体措施，该公司在成熟期后又获得了新的发展机会。

分配方案的匹配

在业务的不同阶段，需要匹配不同的分配方案，萌芽期为预算制，起步期为提成制，发展期为增量奖金池制，成熟期为合伙人制。在不同的业务阶段匹配不同的分配方式，可以持续激励利益相关者的积极性，从而形成长期、稳定、持续的合作关系。

业务四阶段的分配方式如表 1.2 所示。

表 1.2 业务四阶段的分配方式

业务阶段	分配方式	资金来源	利　弊
萌芽期	预算制	发展基金	保持稳定却缺乏激励
起步期	提成制	业务提成	激发斗志却容易失衡
发展期	增量奖金池制	超额奖金	团队捆绑却上易下难
成熟期	合伙人制	毛利润	上下同欲却易于僵化

预算制

萌芽期既是新业务的孵化阶段，也是新模式的探索阶段。在这个阶段中，需要依靠有经验、有能力的个人或团队来负责产品和模式的开发，这个阶段的投入，通常以预算的方式进行。由于该投入在当期财年中并不能够迅速看到成果，产生效益，通常这方面的投入会被看作“发展基金”，用于开发适应未来市场所需要的新产品、新模式等。为了鼓励在这个阶段的良性竞争，也为了保障新业务开发的成功率，很多企业会组织针对同一个方向展开研究的小组，称为“赛马机制”，最终胜出的小组将获得其他小组的成果和资源，鼓励大家相互竞争并迅速地产出成果。

提成制

该制度是很多企业采用的方式。当业务开始起步时，销售团队的快速成长并扩展成为业务成长的关键，采用“提成制”的方式简单有效，可以鼓励销售团队中产出“英雄式”的人物。提成制可以分为销售额提成和毛利提成两种，前者适用于简单交付产品，如食品、家电、保健品等，后者适用于复杂交付产品，如系统集成、建筑工程等业务。提成制也经常被设计成阶梯式提成，用来鼓励员工和客户更多的销售产品。

增量奖金池制

提成制到了一定时候会阻碍企业的发展，当业务走向了发展期，市场需要整个团队能够相互协同、快速响应、迅速推进。但是很多企业通常遇到的状况是：一方面，前端员工由于有丰厚提成而不再愿意艰苦奋斗；另一方面，后台部门由于分配机制不能满足需要，也没有兴趣进行努力的推进。因此明明能够看到企业可以进入快速发展期，但是企业的发展速度就是起不来，说明提成制需要升级为增量奖金池制的阶段了。当前中后端的部门都能够在增量收益中分一杯羹，大家就成了利益相关者，才能齐心协力、团结奋斗。

合伙人制

当业务进入成熟期，客户、产品、流程等开始进入稳定的状态，企业为了留住核心的员工，并激发大家继续保持积极努力的热情，通常会采用“合伙人制”，用机制来推动大家拥有主人翁责任感。面对员工，企业可以推行内部合伙制；面对外部客户，也可以推行外部合伙制。合伙制分为股东层面合伙人和非股东层面合伙人，后一种通常为业务合伙人或项目合伙人，因为其实施灵活、便利、进退自由、责任边界清晰而更受到企业的欢迎。

现实中很多企业却常常违背这样的基本原则，业务进入了成熟期，可分配方案还停留在提成制，导致企业形成了固有的利益格局无法打破，丧失进一步快速发展的机会。反之，处于萌芽期和起步期的业务，很多企业却开始实行合伙人制。合伙制的前提是业务的稳定，业务不稳定，越早合伙越容易散伙，在这种情形下，企业可以对某些核心员工进行未来合伙的承诺，同时对他们短期收益实行“兜底条款”，约定当业务发展到发展期或成熟期再确认“合伙人”关系。这样做法的好处是前期企业能够保持对新业务探索的绝对掌控，不会因为过早的合伙导致利益关系复杂、决策速度放缓而丢失良好的发展机会。

焦头烂额的A老板

A企业成立已经有二十年了，由于产品的领先，A企业在起初十多年在行业中始终保持龙头地位。2014年，另外一家同行率先上市，并发起了渠道战和价格战，导致A企业面临着巨大的挑战。其实他们早在三年前就开始筹划上市，但是相关专业机构通过尽职调查发现A企业的发展具有重大隐患，即全部业务中有90%左右是由两个员工完成的，这样的业务结构很难获得投资人的认可。A老板希望能够调整这样的结构，但多年以来一直没有处理好，两位员工都是公司的老员工，在发展初期公司为了推动业务发展，采用了高额提成的制度，多年来，公司和这两位员工也一直保持共赢的关系。现在如果来降低他们的业务份额和提成，他们是万万不会答应的，强行推行必然导致他们离职，公司的短期风险更大。这真是内忧外患，让这位A老板茶饭不香。

以上这个案例是很多企业会遇到的情形，由于在业务发展初期，没有能够做到系统规划，导致后来发展中形成隐患。因此企业在设计分配案时不能短期思维，而是要站在发展期和成熟期的角度来整体思考，测算一下当企业进入成熟期之后，销售部合理的提成比例应该是多少。为了鼓励销售人员在起步期更加努力，可以在起步期对业务员增加“销售促进补贴”，并约定当业务发展到什么规模时，这个补贴会逐步补贴到服务、技术部门，切换到增量奖金池制，或者将补贴转换成未来合伙人制中的入伙金。这样设计会有两个好处：

- 提前约定清楚，员工可以从开始就选择；
- 后期虽然补贴的比例在下降，但随着业务的发展成熟，员工受益的绝对值却在持续增加，从而保证了员工队伍的稳定性。

以上这四种分配方式还属于比较传统的方式，通过对业务的整体规划来匹配不同阶段的业务，能够有效支持业务战略的转型。除了这四种分配方式之外，笔者来介绍一种企业“终极分配方式”：虚拟货币运营制。

虚拟货币运营制

互联网技术不仅在组织运营模式带来巨大冲击，大量依靠时间差、空间差和信息差来获利的模式受到挑战，消费者能够通过瞬间信息的比对做出最佳的选择，从而改变了不少企业长期以来赖以生存的模式；而且也对企业内部的管理方式形成影响，管理者难以依靠信息垄断、权力垄断来进行管理，员工越来越需要基于个人渠道的信息获取而进行自主决策。海尔集团提出的“管理无层级、经营无边界”正是基于这样的趋势。

在虚拟货币运营的机制设计下，企业高层更是一位组织战略和规则的设计者，需要重点关注三件事：

- 企业的战略目标；
- 企业的基础运营保障；
- 企业奖惩与分配原则。

然后，将过程价值创造与合作的权利交给企业的中基层员工，他们会围绕三条核心价值链来展开工作：

- 销售价值链，推动或吸引外部客户认知、认可、购买本企业产品或服务的过程；
- 交付价值链，整合内外部资源，通过采购、生产、实施、售后等活动给外部客户交割价值的过程；
- 人才发展价值链，为了以上两个价值链的实现，公司获取、识别、甄选、培养、保有人才的过程。

公司将基础运营费用按照一定的比例进行价值切分进行虚拟货币发行，交给这三条价值链的责任人进行分配，责任人将按照价值的结果实现后对价值创造的利益相关者进行分配，员工获得虚拟货币后有三个用途：

- 首先抵消本人的基本工资和费用的支出；
- 超额部分的虚拟货币可以转化成等额或一定比例的现金奖金；
- 本人超额部分和组织全体成员超额的比例会成为该员工年终分红的依据。

在这种机制下，每条价值链的责任人会成为内部运营的小 CEO，他们可以发布各种生意的机会，其他部门、岗位甚至企业外部的人员均可以参与这样的生意且拿符合标准的结果来结算，共同支撑企业的整体运营，员工收入高必然带来企业的利润增加；反之，企业盈利状况好的时候，会有员工因虚拟货币量低而收入不高，企业盈利状况差的时候，也会有员工因虚拟货币量高而收入较高，从而避免“大锅饭”的现象。关于虚拟运营模式，在完整学习了 GPS-IE 管理改进系统™后我们将在后面进行更加完整的介绍。

基于战略的组织规划

至此，战略的方向与目标均已经达成，接下来需要做的事就是战略的实施。战略的实施必须要有承载的机构，也就是平常所说的组织结构。通俗地说就是要找到承担战略的部门。该阶段企业一般要做的重要工作就是设计组织结构。组织结构设计是这样的一项工作：在企业的组织中，根据公司战略或价值链对构成企业组织的各要素进行排列、组合，明确管理层次，分清各部门、各岗位之间的职责和相互协作关系，并使其在企业的战略目标过程中，获得最佳的工作业绩。

企业需要梳理清楚不同阶段的工作重点，从而在不同的阶段，均能够整合组织内外部有限的资源，来创造最大的价值。因此在不同的业务阶段中，需要有不同的职能来支撑，如找错了支撑职能，则企业的发展会事倍功半。

业务四阶段的职能重点如表 1.3 所示。

表 1.3　业务四阶段的职能重点

业务阶段	特　点	驱动职能	支撑职能	孵化职能
萌芽期	新	拓展	开发、质量	销售
起步期	快	销售	生产、供应链	运营
发展期	稳	运营	客户服务、市场	技术中心
成熟期	创	技术中心	战略营销、生态圈	研究院

萌芽期的重点职能

拓展：萌芽期，拓展是驱动职能，研究市场的新机会，形成新项目调研报告，提供给公司高层参考并决策，拓展的范围不仅包括新产品、新服务，还包含新模式、新市场。

开发：开发职能要负责新产品或新模式的研发和设计工作，将拓展部门的思路变成现实的模型，测试未来大规模生产的可行性，记录新产品或新模式可能遇到的障碍，并提供相应的解决方案。

质量：质量职能将要对开发职能形成的产品或模式原型进行测试，并完整记录各种质量隐患，另外，质量职能需要为新产品或新服务办理各种资质，为上市做好准备。

销售：萌芽期需要孵化的职能为销售，这个阶段的销售也将承担开发职能，包括新市场开发测试、销售流程和标准开发、新员工能力开发、销售工具开发等，一切具备后，只要等到市场的启动，就能够迅速进入销售状态，快速启动新市场。

起步期的重点职能

销售：销售是起步期的驱动职能，一旦市场被快速打开，销售部门将运用在萌芽期沉淀的销售基础，快速的开始组建队伍、培养员工、优化政策，形成快速且有充分准备的销售支撑和管控系统，这个阶段的市场特点是快，所以全力以赴地推动销售，是这个阶段的工作重点。

生产：被打开的市场会快速增长，这个阶段领导关注的痛点是生产能否跟上销售的节奏，如何快速地增加产能，控制生产的成本，支撑销售部门快速地打开市场，获得市场份额成为这个阶段的关键点。

供应链：起步期中获得供应链的支持也很重要，对于新业务，供应链的支持往往比较保守，因为他们不清楚该业务未来发展的前景，前期投入的研发、磨具、人力等费用能否在未来的收入中得到摊销，都是一个未知数，需要企业用更加稳健的愿景吸引供应链的信任和支持。

运营：起步期需要孵化的职能为运营，需要建立专职岗位研究老客户的需求趋势，并开发未来可能的运营模式、运营流程和运营标准，为将来大规模开展运营服务打下基础。

发展期的重点职能

运营：发展期的业务往往会年年归零，缺乏沉淀，因此，企业需要尽快地转型到“运营”的阶段。企业可以挑选适合的客户和合作伙伴进行服务，客户也可以按照自己的实际情况选择相应的服务标准参与进来。进入“运营”的阶段，企业开始形成“有沉淀”的竞争力，随着时间的推移，运营的价值也越来越大。

客户服务：随着市场慢慢成熟，需求空间越来越大，需要服务的老客户也越来越多，老客户相对新客户而言对该业务的理解更加的成熟，也会提出更高的要求，能够及时关注老客户的需求并满足他们的需求成为这个阶段的关键。企业需要建立起服务标准，对客户进行分类服务，从而获得更多老客户的支持，支撑业务的持续发展。

市场：面对外部的竞争对手和潜在客户，企业需要培育市场的职能来及时了解市场的信息和客户的新需求，并且将这些新的需求补充到运营系统中，从而保持对市场的灵敏的感知度，通过运营提升的升级来保持客户服务能力的领先。

技术中心：发展期需要孵化的职能是技术中心，通过采集客户数据和运营数据分析，企业将建设技术中心来对原有的服务和产品进行升级，从而保持对老客户服务的引领性。

成熟期的重点职能

技术中心：随着市场的进一步变化，新增市场的空间越来越小，客户的成熟度越来越高，企业开始进入该业务“存量经营”的阶段，成熟的客户再购买新的服务和产品，更加看重的是新的技术、新的设计、新的模式、新的体验，因此，技术中心需要深入研究市场的趋势，来为老客户创造新的消费体验。

战略营销：进入成熟期的业务，将会改变原有的商业关系，比如将客户变成合作伙伴，或者将供应商变为合伙人，企业需要运用自己原有的客户资源和新的获得模式，来支持合作伙伴们的生意，因此，战略营销的重点是渠道下沉来获得终端客户的资源，从而为更多的合作伙伴提供支持。

生态圈：生态圈是指组合更多的利益相关者进行跨界合作，大家基于各自的利益诉求而走到一起，共同创造、共同分享，生态圈的形成首先要有一个影响力中心，可以是技术的引领者，也可以是模式的输出者，可以是终端客户的导流者，也可以是服务交易者。总之，如果失去了影响力中心，这个生态圈的稳定性就会受到挑战，原有的生态圈中很快会有人挑头来形成新的生态圈，并逐步取代原有的生态圈。

研究院：如果业务处于萌芽期时，发展新的业务需要依靠“能人”来想出好的“创意”“点子”，那么经历过一轮的业务将更加成熟，所以需要建立“研究院”这样的职能，来取代原有的“灵机一动”。研究院将会深入研究行业和专业趋势，通过发表研究报告的方式来吸引更多专业人士的关注和加盟，将会有源源不断的创业思路能够集中过来，从而为下一个萌芽期的业务打下基础。

业务转型四阶段职能重点如图 1.2 所示。

总之，组织结构设计是要基于业务的不同战略阶段，找到战略驱动部门，在设计中要用合适的组织模式去正确发挥其战略龙头作用，并在组织结构中明确其战略地位，其他部门需要全力支持并配合其作用的发挥。毕竟，战略确定后，组织保障与人员保障是战略落地的第一要务，失去组织保障与人员保障，战略实施都会变成空谈。

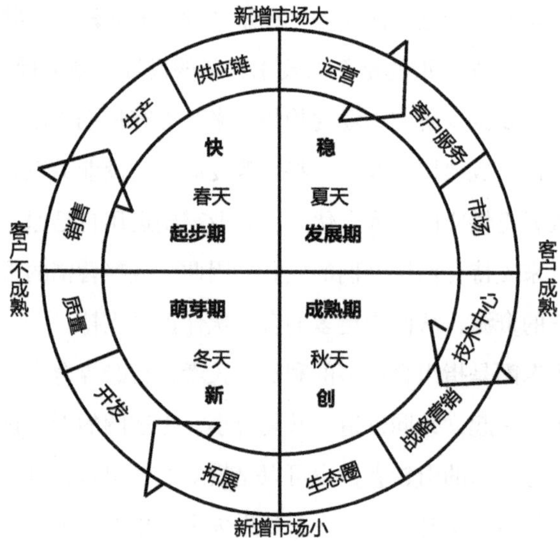

图 1.2　业务转型四阶段职能重点

价值观的力量

企业价值观是指企业在选择战略时的依据，也给员工、客户和供应商明确了合作过程中的价值取向，反映了企业在追求经营成果过程中所推崇的基本信念和奉行的原则。企业价值观是企业全体或多数员工一致赞同的关于企业意义的终极判断原则，简而言之，就是企业决策者对企业性质、目标、经营方式的价值取向所做出的选择，并为员工所接受的共同观念。

经营环境在变化，产品会过时，市场会更替，技术会迭代，时髦的管理理念也层出不穷，但是优秀的公司之所以优秀，是因为他们具有优秀的企业基因，其中，价值观是重要的基因之一。

在 GPS-IE 管理改进系统™中，我们的价值观同样在强调一种信念，从组织的价值观转化成个人的信念，而这个信念是来自企业利益相关者内心的共同愿望，并且能够转化为看得见的行为，进一步去强化内心的信念。

GPS-IE 管理改进系统™的价值观可以归纳为敬畏、探索、守本和真心四个方面。

敬畏

敬畏天道，尊敬规则。万物生长与发展均有其规律与法则，管理同样有着自身的规律与逻辑，不可违背。古人常说，天命不可违。规律之所以成为规律，有其内在的必然性。违反自然规律，定会受到自然的惩罚。管理也是一样，企业由弱到强、由小到大，有其自身的发展规律，比如价值导向、尊重生命、恪守承诺等。管理者需要认知、遵循这些基本规律，才能回到管理本来该有的道路上，尽量避免用无知的投机、无畏的冒险、无度的奖惩来管理企业。

探索

探索，是对于未知的、新生的事物孜孜以求地去探寻、发掘。古人云，“吾生也有涯，而知也无涯”、“路漫漫其修远兮，吾将上下而求索”。探索也包含对事物发展规律的发现。探索是基于对未来的渴望、对未知的好奇、对美好事物的向往。面对未来，管理者需要探索价值创造的路径，每天要问自己：我做点什么能够让岗位与众不同？我做点什么能够让部门与众不同？我做点什么能够让公司与众不同？只有不断探索，我们才能够为企业、为社会创造与众不同的价值。清华大学首任校长梅贻琦老先生说过：大学之大，非大楼之大，乃大师之大。何谓大师？大师是指在任何环境下，也勇于对自己的专业不断探索和追求的人，永不停止。

守本

守本，顾名思义，就是坚守做人的本分。守本，很容易理解，但是实际生活中却是难以做到。太多人在利益的诱惑、生存的压力下都有可能会丧失做人原本可以坚守的本分，而做出了偏离人性的事情。随着企业的发展与成熟，越来越多的管理者在呼唤“管理回归本质”，意思是说管理要回到“人性化”的本源来思考，管理不仅仅为了推动组织绩效的发展，更是支撑相关人员获得更美好的生活。如果能够从这个角度思考，管理者会更多关注绩效产生的方法论和工具的创新，而不是依赖员工加班加点和相互争论；更多关注绩效责任人本人的自我评估和考核，而不是第三方的评估和考核；绩效管理的目的不是仅仅为了奖惩，而是为了持续的改进。

真心

真心，是指做事情原本真实的想法或出发点。就像做企业，管理者制定挑战性的经营目标，其出发点到底是什么？是为了让自己更多地获得经济利益还是让公司与员工共同享受发展的成果。做绩效考核是为了挑剔员工毛病，借机克扣工资，还是为了帮助员工改进绩效水平，最终提高公司与员工的收益？虽然看起来，都做的是同样的事情，但是由于出发点不同，就会导致最终的结果大相径庭。管理者只有真心地面对自我，真诚地面对他人，才能够站在“利他”的角度思考，从而形成超级影响力，推动绩效成果的发生，达到“桃李不言，下自成蹊”的境界。

行为准则

以上四条是管理改进最基本的价值观，具有一定的抽象性。企业如果希望做到这样的标准，还是需要从遵守以下行为基本原则开始。

管理者的知行合一

自古以来，都是知易行难，管理者既然承担着管理的职责，意味着比普通员工拥有更多的资源、更大的权力。管理者为了更好地履行管理职责，必然需要学习更多的管理知识，但是需要明白一点的是，学习不是目的，而用于实践、指导实践才是真正的目的。

GPS-IE 是一套管理改进系统的开发语言，有其自身的逻辑特色，和以往习惯性的管理逻辑有较大的差异，很多管理者在学习过程中存在着一定的难度，面对这样的系统，放弃并回到习惯性的做法中会很容易，坚持学习并实践并不容易。没有实践，这套系统的学习将没有意义，只有坚持实践，管理者才能够体会到从无知到自知、从无用到有用的过程乐趣。

管理者和老师一样，最难做到的恰恰是“知行合一”，说到很容易，做到不容易，但如果做不到，说出同样的话语，能够身体力行的管理者的影响力比只说不做管理者的影响力，要大得多。

领导以身作则

以身作则，是领导力行为的第一位，领导需要以身作则，树立楷模。有些领导自己不加班却希望员工加班，自己不讲规则甚至破坏规则，却希望员工能够遵守规则。企业有这样的领导，优秀的管理方法就难以落地。在管理改进实施过程中，作为项目的发起人，领导需要亲自体验改进中的体系、逻辑和原则，因为员工能够提供的改进资源和方法有限，只有高层才能调动更多的资源、更系统的策略、更持久的政策来保障改进持续的效果。

自我承诺大于合同

这里说的自我承诺，是指来自大家内心真实的愿望并形成自我选择后的表态。合同规定了双方合作的最低标准，但来自内心的自我承诺却会成为彼此合作的最高标准。改进项目中交付价值时，管理者要考虑的是：我如何能够帮助对方多做些什么？能够帮助对方多创造些什么价值？可能给对方带来了什么额外的麻烦？如何提前预防并消除这些麻烦？这些方面可能在合同中并没有体现，但这不妨碍改进者能够多想、多做一点点的愿望。

价值观属于企业文化的一部分，德胜公司运用文化来“唤醒员工内心的尊严”的做法值得大家参考。

德胜洋楼的企业文化与价值观

德胜公司是苏州的一家专门从事洋楼制造的公司，其文化核心是诚实、勤劳、有爱心、不走捷径。德胜的高层深信：“制度只能对君子有效，对于小人，任何优良制度的威力都将大打折扣，或者是无效的。”德胜公司呼吁人们做一个合格的员工，应努力使自己变成君子。

同时，德胜公司也首先以君子示人。比如：

- 不实行打卡制；
- 可以随时调休；
- 可以请长假去另外的公司闯荡，最长可达 3 年，保留工职和工龄；
- 对于试用期的职工做出特别提示——您正从一名农民转变为一名产业化工人，但转变的过程是痛苦的；
- 费用报销不必经过领导审批，签上自己的名字即可，涉及证人的需加上证人的签字；
- 公司不能接受员工因办公事而自己垫钱（支付）的事情发生；
- 工人发现劳保用品、劳保设备欠缺或质量太差无法使用，可以拒绝工作，此间仍享受正常的上班待遇；

- 带病工作不仅不受表扬，而且可能受到相应处罚；
- 公司不认同职工冒着生命危险去抢救国家财产、集体和他人财产的价值观，奉行“生命第一”的原则。

德胜有三种类似于宣誓、申明之类的做法，有助于大家理解文化与制度的关系。

- 所有的员工都能够并且必须领取一本《德胜公司员工读本》，此手册的封二有一段话：“我将认真阅读这本手册内容，努力使自己成为德胜公司的合格员工，靠近君子，远离小人。”下方要慎重签上自己的姓名。
- 公司开工前所有施工人员必须参加时长不短于一小时的会议，会议重申职工守则、施工责任书、施工安全及劳动保护措施和奖惩条例。
- 员工财务报销前必须认真聆听财务人员宣读一份《严肃提示——报销前的声明》，任何时候任何人的每一次报销都有这个程序。《声明》内容如下：“您现在所报销的凭据必须真实及符合《财务报销规则》，否则将成为您欺诈、违规甚至违法的证据，必将受到严厉的惩罚并付出相应的代价，这个污点将伴随您一生。”

描述战略目标

在澄清了业务战略阶段并梳理了价值观之后，企业需要对业务战略目标进行清晰的描述，以使公司上下对业务战略有着明确的认识，在战略上达成高度一致。企业战略目标可以分为经营战略目标与管理战略目标，在管理改进系统中，更多的是聚焦于经营目标。

在确定战略目标时，企业需要从以下几个方面来思考。

分析外部市场容量

每个企业的业务都针对特定的客户群体，某地理区域客户群体在一定时间阶段会对特定的产品与服务有着一定的客观需求，而这种总需求量就构成了该区域市场的市场容量。在市场容量既定的情况下，企业一般都会计算市场集中度与市场占有率这样的指标。市场集中度用来衡量产品在目标区域市场的竞争格局与态势。市场占有率，又称市场份额，则反映企业产品的市场地位。如果市场集中度高而企业市场占有率低,则表明企业在目标市场中的竞争地位偏低，已有强势品牌占据市场龙头，企业可能只是市场的追随者或参与者。如果市场集中度低而企业占有率高，则说明企业在目标市场地位高，可能已经处于市场领导者的地位，产品品牌属于强势品牌。

一般而言，市场容量在一定时期内数量是既定的，因为对于特定业务的总需求一般应是稳定的。所以，为了提升或扩充市场容量，则需要考虑开辟新的市场或引导出新的市场需求。安索夫矩阵就是思考业务战略的非常好的工具，既可以使用老产品去开辟新的市场，也可以用新产品去冲击老市场，也可以用新产品去满足新市场。总之，都是为了提升市场容量或者提高市场占有率而做出的努力。

测算本企业完美情况下的收益水平

企业在市场中生存，即便是总体市场容量足够大，也需要思考自身满足市场的能力，毕竟，小锅是无法烙出比自身大的饼的。这里说的完美情况，指的是企业在所有资源利用率都达到 100% 的情况下，能够创造出的收益大小。对于工厂来说，完美情况就是所有机器设备满负荷开工的情况下，能够创造出的产值。而服务行业则指各种服务设施与资源 100% 利用起来时能够创造的价值大小。所有企业都需要知道自己的最佳收益水平以及目前状态下的产出产能比。

调研标杆企业的产出产能比

对标管理是现有很多企业采用的方法。对标管理是指企业以行业内或行业外的一流企业作为标杆，从各个方面与标杆企业进行比较、分析、判断，通过学习他人的先进经验来改善自身的不足，从而赶超标杆企业，不断追求优秀业绩的良性循环过程。对标，主要是分析标杆企业在行业内的关键成功因素，并从该关键成功因素上找到与标杆企业的差距进行学习与追赶。而产出产能比是一项重要的参照指标，它反映出企业在资源利用率的管理水平。

确定本企业的 3 ～ 5 年目标

根据对标同等规模优秀企业的产出产能比，企业能够找出自身与优秀管理水平的差距，而消除该正偏差进而产生正偏差，正是企业未来 3 ～ 5 年所需要做出的目标与努力。任何企业都需要从平庸走向优秀，从优秀走向卓越。而成功之路正是在每年设定挑战的目标并达成的基础上铺就的。当然，成功不可能一蹴而就，需要企业在目标上向长远看齐，在管理上向踏实看齐。

现在举个简单的例子来说明以上四个概念与指标的关系：如何制定某酒店的业务战略目标。

第一步：测算出周边的市场中的容量和潜力。调研酒店周边的政府、企业、事业单位以及小区的人口数量和消费习惯，确认本酒店同类型酒店中的市场份额，从而计算出每年消费的总潜力达到 5 亿元。

第二步：测算酒店的完美的最佳产能。酒店有多少客房，有多少包厢、大厅和会场。在最大利用率和最佳价格方案的情况下，最完美的产能有可能做到 1 亿元。

第三步：参照标杆企业的产能产出比。本酒店现在的实际年销售规模只有 4000 万元，现有的产能还没有达到完美状态，产能产出比只有 40%。通过调研，周围 3 公里内与酒店同档次的标杆酒店能够达到 50%。

第四步：制定本酒店的战略目标。3 年后，本酒店期望能够超越标杆酒店的现状，即从 50% 的基础上提升至 60%。一旦确定 3 ~ 5 年后，我们要做到 60% 或 70%，就意味着 3 年后我们的目标就要达到 6000 万元至 7000 万元。

通过以上四步能够达成战略共识，既让大家看得到外部市场有需求，我们企业有这个增长空间，同时外部标杆企业的相关指标也让我们有信心能够做得到，所以得出的战略目标是合理的，并不是拍脑袋拍出来的。

达成的战略共识也将成为后端执行中的基础，明确哪个部门负责驱动，哪些部门参与配合，各自的结果目标是什么？关键障碍有哪些？需要做哪些关键任务来支撑？如何评估各部门的结果？达到了战略目标后大家的共同利益有哪些？只有企业高层把企业战略和价值观思考清楚了，各部门的管理者才能够说清楚达成战略目标的标准和流程。

第2章

一级问题P1：关注绩效结果

一级问题定义：基于组织战略价值的、部门级的结果指标的偏差。

“火车跑得快，全靠车头带”，这句话描述的是传统火车的状态，火车头要依靠自身的动力牵引多列车厢奔跑，车厢就成了被动的工作者，老火车难以快速的奔跑起来。而新型的动车和高铁升级成了新的模式，每一节车厢都拥有动力系统，在车头方向的带领下，能够快速且稳定的奔跑。很多企业的职能部门就如老火车车厢一样，用“被动地接受任务”的方式开展工作，缺乏针对战略的驱动系统的设计。

企业各个部门应该如何设计自己的动力系统呢？需要从基于职能的结果性问题分析开始。企业战略目标确定后，我们开始分析问题。问题是什么呢？我们在前面已经知道，问题不是症状，问题也不是原因，问题是现状与目标之间的数据偏差。问题要分为一、二、三级问题：

- 一级问题是结果性问题，
- 二级问题是驱动性问题，
- 三级问题是活动性问题。

问题既然意味着差距，那么缩小差距也即解决这三个级别问题的责任分别应该由谁来承担呢？这里我们先从结果性一级问题开始分析。在分析之前，我们需要明确一点：在我们的一、二、三级问题体系中，结果性一级问题是属于公司级、部门级还是岗位级的？换言之，在组织中到底应该由哪个层级的人员来具体对结果性一级问题负责呢？很多人认为一级问题是公司级的，如果是这样，那么公司总经理或CEO就是一级问题的责任人。但事实上，作为高层的CEO更多承担的是“该不该”的问题，是对整个组织的战略、价值观负责。也就是说，公司总经理或CEO在确定了组织战略方向及战略目标之后，他们一般会将实现战略目标的责任和任务向下分解到各个业务部门和团队，即组织内实现更高绩效的具体责任应该落在部门负责人及其团队身上。正是基于这一现实我们认为，从本章的一级问题开始，真正的责任人都将是部门负责人及其团队。

一切均生意

企业经营的核心，是经营人。“利者，义之和也。”这句话来自《周易·本义》，说的是只有基于相关各方的共同愿景（“义”）这一出发点，企业对相关利益（“利”）的追求才能更持续、更长远。作为经济组织的企业，更需要基于“利者，义之和也”这一原则来思考企业内外部的所有劳动关系和利益关系，从而构建起更为顺畅、高效的组织。为了便于理解，我们会用“一切均生意”（Everything Is Business）这句话来集中阐述这一含义。这里的“一切”既包括企业外部的劳动关系和利益关系，也包括企业内部的劳动关系和利益关系。

企业内外部存在着不同的利益相关者，包括股东、员工、供应商、客户、政府监管机构、投资人等。要使得利益相关者之间形成互利关系，前提是彼此需要在建立共同理想、目标、原则的基础上，产生价值创造、价值评价、价值分配。经营企业，对外往往是通过与股东（股票）、供应商（供货合同）、客户（销售合同）等利益相关者建立正式契约关系来实现利益分配。其实，企业对内也是一样，在组织内部也是需要进行价值创造与利益分配机制的设计，所谓“一切均生意”。只有站在“一切均生意”的角度来思考，才能明确企业内每一个部门（不论是研发、采购、生产、物流、营销、售后等一线部门，还是财务、人事、行政等所谓传统的二线部门）的内外部客户关系，找到每个部门的所有客户以及需要向客户交付的产品，从而明确该部门在价值创造和利益分配体系中的价值定位。

那么，我们现实中的众多企业是如何做的呢？根据我们在多年咨询工作中所接触的企业来看，在现实中很多企业的高中基层管理者没有站在“一切均生意”这个角度来设计企业各个部门的职能和责任，更多的是在凭着经验和感觉管理企业和部门。再深一层来看，管理者如何面对上级、同事、下级的经验往往来自家庭的经验和感觉。在组织建立初期，管理者往往靠人治的、亲情化的方式进行管理，这样的管理往往在早期比较有效。但是，企业存在的基础和家庭不同，家庭是以“亲情”和“血缘”为基础，更强调“爱”而不是“道理”，在家里往往越想讲道理就越显得没有道理，因为最高境界的爱是无条件的爱，在“无条件”面前，什么道理都显得苍白无力。

但是企业是以“契约”和“承诺”为基础的,更要强调的基于“价值”的道理，需要有规则、制度、流程、标准来武装组织的能力。在建立公司的时候，股东之间是要签订股东协议，和政府各部门之间也是要签订相应的法律文书。企业中所有的行为都是基于合同形式存在的，新员工入职合同，部门之间需要有任务单相互承诺，与客户签订订货合同，与供应商签订购货合同。用这些承诺和契约来保障组织的正常运行。所以，企业是需要靠规则来推动发展的。随着组织的发展壮大，这种人治的、亲情化的管理方式往往会禁锢组织的成长。

因此，组织内外部的管理与经营就需要遵循一条重要原则：一切均生意。所有管理者都要站在生意的设计、生意的发展、生意的交付、生意的提升这一条主线来开展工作。每一个管理者都要说清楚自己及其团队所经营的生意模式是什么。为此，我们每一个部门都需要用“外包”思维来思考自己的存在。

“外包”思维

和火车一样，企业也需要有更多的部门承担“主动地驱动”的责任，但当前企业中多数部门却处在“被动地等待”的状态，大家都在等待领导、同事甚至客户布置任务,然后大家就开始“处理任务”、“交付任务”,如果没有接到任务，大家就会觉得很清闲，无所事事，这样的状态是不利于组织发展的。作为生意的主体，每个部门都要站在“外包”的角度来反思自己：谁需要我们的存在？

下一年度他还会和我们续单么？凭什么他还会续单？

企业发展需要不是仅仅依靠领导或业务部门来抓经营，而是所有部门都要考虑经营，因此各个部门都要具有这种“外包思维”，即各部门不要再把自己看作企业的任务导向的职能化的事务性部门，而要把自己看作企业领导团队为了实现战略而花钱雇来的可以独立创造价值的外包企业。前端的业务部门通常比较能够容易接受这种外包的观点，因为他们天然就具有了外包的特点，但是越往后端的部门越难以理解，研发部要把自己看作“研究所”，生产部要把自己看作“外包工厂”，人力资源部要把自己看作“人力资源外包公司”，财务部将自己看作“财务咨询公司”。在这种思维之下，所有部门每年都要向最高管理层说清楚、到明白自己部门的价值，而且必须用逻辑的、量化的指标，不然不会得到认可，来年也就不会再有外包的生意，公司可能会招来另外一家更好的外包公司来替代你。

既然部门负责人要将自己的部门视作外包团队，就需要回答清楚如表 2.1 所示的问题：

表 2.1　问题

问　　题	阐　　释
你的客户是谁	谁为价值埋单
你的产品是什么	独立创造的价值的载体是什么
你交付产品的标准是什么	到哪个动作为止说明交割完毕
交付得好，你及其团队的收益是什么	价值交付后的好处是什么
交付得不好，你及其团队将要承担什么责任	价值交付不了要负什么责任

如果能说清楚，说明这个部门的生意模式是清晰的;反之，如果说不清楚，就说明这个部门还没有说清楚自己的生意模式，或者该部门在公司的定位以及存在的价值是不清楚的。当一个部门负责人自己都说不清楚职能生意的价值，就不要指望他人帮助你说清楚，到了年终分配奖金的时候，你也拿不出有力的证据证明你的价值，通常被领导和其他部门“象征性”的分一些，这种方式会让自己和团队成员得不到工作的尊严。

内部价值链

企业内部价值链可以分为两类:经营价值链（交付对象一般是下一道工序）和管理价值链（交付对象一般是老板或直属领导）。不同的外部价值链会带来不同的内部价值链之间的关系。

经营价值链

内部价值链是组织内部各部门共同创造价值的动态过程。每个部门都有不同的职能。组织内部各部门都要承担多条价值创造的职能，每一项价值创造职能都会形成该部门的一条价值链。内部价值链分析涉及中层管理者“好不好”的问题，要厘清部门与其他部门之间的关系。

在业务发展的不同阶段中，驱动关系会随之改变，内部经营价值链也会发生改变。（见表 2.2）很多企业面临的困惑是：

- 业务状况已经发生了巨大变化，但是部门的职能关系还是停留在多年前，没有得到及时升级；
- 业务已经覆盖了多个阶段，但职能部门的能力还是停留在萌芽期和起步期，生产关系严重制约了生产力；
- 价值链与业务的发展阶段不匹配，可能业务已经到了成熟期，可是价值链还是停留在起步期的销售驱动上；
- 领导人以及核心人才本应该在关键职能上发挥作用，但由于价值链关系的混乱，导致大家的精力分配混乱，内耗不断。

表 2.2　不同业务阶段的经营价值链

业务阶段	驱动职能	核心价值链	价值点
萌芽期	机会驱动	拓展—开发—质量—销售	新业务数
起步期	销售驱动	销售—生产—供应链—运营	销售额

续表

业务阶段	驱动职能	核心价值链	价值点
发展期	服务驱动	运营—客户服务—市场—技术中心	满意度
成熟期	技术驱动	技术中心—战略营销—生态圈—研究院	生产总值

如果企业发现随着组织的发展，业务已经在萌芽期、起步期、发展期和成熟期同时存在，且运营、企管、HR、财务等职能已经不太跟上之时，领导人需要做出决定：

- 收缩业务战线，将主要的精力、资源投放在最关键的业务上，推动核心业务的发展；
- 分拆业务，采用独立事业单元的方式，授权各事业单元负责人根据各自业务状况调整价值链，后台职能部门转型为“运营共享中心”，从而配合各业务的发展。

如果不进行调整，不同业务发展的需求会拖垮后台职能部门，他们会应接不暇，手忙脚乱；反之，后台职能部门也会因为自身能力不足，分身无术，成为前端业务部门发展的障碍。因此后台部门也需要根据企业的发展模式，把自己看作具有独立价值的外包单位，才能在不同的环境下找到自己部门真正的客户、真正的产品和真正的价值交付。

管理价值链

围绕“管理者的价值”，我们先问三个问题供大家思考：

- 企业中管理者有价值吗?
- 管理者到底创造了什么价值?
- 如何证明管理者的价值?

这三个问题中，很显然第一个问题比较容易回答，大家甚至都不需要思考就会回答：管理者当然有价值啦。可是第二、三个问题就没有那么好回答了。要想说清楚管理者的价值，就需要从企业的管理价值链中进行分析。

其实企业本来都没有太多的管理者，往往一个老大带着一群员工就把某项业务做起来了，但随着业务的发展，客户、员工、供应商越来越多，带来的任务也越来越多，企业的分工带来了“管理者”的角色。大家都能够记得当初自己成为管理者的情景：某个领导突然通知，明天开始你就成为管理者了。名片上的抬头变成了管理者，但具体“管理者”应该做什么？应该创造什么样的价值？这些方面大多数管理者其实并没有太多思考。

相对于水平的经营价值链来说，管理价值链是垂直的，从企业董事会到总经理，再从管理者到员工，最后到客户。在这条价值链中，员工的生意模式非常的清晰，即给客户提供服务，获得客户的满意度，客户会给员工交付“当下的个人业绩”，员工拿这个业绩向他的管理者交代。那管理者的价值是什么呢？管理者应该为员工提供管理和辅导,从而为组织创造“未来的团队的业绩”，事实上我们看到多数管理者并没有完成他应该交付的“管理的生意”的结果，而更多的是在代替员工的价值。

看起来他们这样做也创造了短期的业绩，但是长远来看却给企业带来了伤害。两种情况下会体现出这样的伤害：一是该管理者被调离了该岗位，其团队的业绩会产生大幅的波动；二是当企业需要转型、升级或变革的时候，领导者会发现最大的麻烦是缺少能够独当一面的人，为什么会有这样的现状，因为多数管理者在过去的几年中都没有能够支撑起管理的生意，为组织“未来的团队的业绩”提供更多合格的员工。

从管理的生意来说，CEO 的客户是企业董事长，交付的产品为“合格的部门数”，那董事长管理的生意是什么呢？董事长管理生意的客户为董事会，需要交付的价值目标是为股东创造更健康、持续的价值回报，他凭什么能够达到这个目标呢？董事长需要培养更多“合格的 CEO”，因此“合格的 CEO”是董事长的管理生意的产品。柳传志曾经说过：董事长的三件事为搭班子、定战略、带队伍，就是在描述董事长的管理的生意。

经营与管理的关系

经营和管理之间管理服务于经营，因为经营是目的，管理是达成经营目的的手段，因此，经营强调持续创新，而管理更强调稳步匹配。经营和管理就像人的两条腿一样，管理者首先要迈出的是“经营”这条腿，重要的是“管理”这条腿需要能够跟上，然后再迈“经营”的腿，不断地切换左右腿的节奏，从而形成快速奔跑的状态。

很多企业会成为“长不大的小老人”，在某个行业中发展很多年，业绩却多年没有突破，被一个个的后辈超越。究其原因，多体现在经营和管理两条腿不够协调上，要么是重经营轻管理，要么是重管理轻经营。重经营轻管理的企业的业绩会呈现波动起伏的状态，新的经营思路层出不穷，但由于管理跟不上，导致员工队伍和客户队伍均难以稳定，业绩时好时差；重管理轻经营的企业的发展会比较的稳定，其领导人会比较关注于风险，后台管理有条不紊，但前端的经营缺乏创新，因此业绩也会遇到瓶颈，难以突破。

内部价值的谈判

关于职责与权力的分配，传统的做法是在组织设计、部门职责划分、流程梳理、制度设计时予以明确的。而分配也是在传统的薪酬与绩效管理与设计中进行明确。在管理改进系统中，我们强调“一切皆是生意”。既然是生意，那么一切也皆可谈判。

所以在管理改进实践中，我们突破了传统的思维，将原本属于铁板一块的职责、权力与分配变得更加柔性。战略与目标不变的情况下，职责、权力与分配都可以进行谈判。谈判不单是部门与公司进行谈判，而更多的是部门与部门之间进行谈判。因为在管理改进系统中，我们强调把各个部门视为一个个的战略业务单元，能够在内部价值链上从上游部门接受产品或服务的输入，通过部门内部的工作将其转化为可以独立地交付给下游部门的价值贡献与输出。

基于这样的原则，即使后端行政支持等部门也可以按照此思路界定出交付物与价值，从而能够将各部门的价值输出进行量化，并在价值链条上将各个部门贯穿起来直至最终的终端客户。

另外，分配原则也不再是传统的薪酬与绩效，而是基于利益相关者的价值分配，如股东的股权收益、高管的股权激励、员工的事业合伙人转变、供应商与客户的利益共同体、投资人的投资收益等。分配原则主要是增量分配而非存量分配，目的是联合各方利益相关者，共同把蛋糕做大，从而实现更好地分配。

那么如何实现责、权、利的统一呢？在实践中，笔者给出这个方法与工具：召开责权利研讨会。具体做法是在上一年年底，由总经理、各职能部门负责人与骨干员工代表在一起，讨论共同研讨公司与部门的年度目标，包括收入目标和利润目标，在收入与利润目标确定的前提下，奖金池的大小由大家根据原则来讨论。接下来就要研讨分配权与分配比例，各部门在奖金池中的分配比例来确定，这个方式要通过谈判制。一般来说，组织中关联部门相互来谈判，比如业务部门需要找生产部门谈判，要求生产部门提供哪些方面的价值，如果达成这些价值,需要给生产部门什么样的比例。而生产部门又会去找采购部门谈判，采购部门又会去找财务部门谈判，财务部门又会去找销售部门谈判。

在谈判过程中如果能够达成共识，就签字确认；如果达不成共识，就由总经理仲裁。仲裁的原则主要依据战略导向（有助于战略的实现）或互利导向（有助于双方都有利益）或过渡导向（公司发展不同阶段需要考虑过渡过程中哪些权重需要偏重，起步阶段向前端偏，成熟后向中后端偏），由总经理根据原则进行相应偏重。权力谈判也是一样，部门之间相互进行谈判，我能达到这些指标的结果，我希望拥有哪些权力，无论是在预算的财务权还是在人事的确定权与建议权还是在供应商的选择权或者公司内部的政策调整与修正权。大家都可以来探讨这个权力。最终由总经理进行确认并形成文件，形成责权利合同书。

而这个合同书与以往的经营目标责任书不同点在于，传统的目标责任书往往只有需要达成的经营目标却不去讨论分配权，不去讨论权力，只讨论责任，所以是单向的，是从上往下压的。而通过责权利研讨会，把所有部门间的关系，让他们相互之间去争论，最后我们签字确认，按照这个去做。这也反映出一切均生意来展开，大家围绕下一年度的生意来展开相互的谈判与协商，按照先小人后君子，形成合同书，大家签字后分别去做。

设计部门的生意

从外包思维的角度出发，每个部门都可以是生意的主体，基于战略的需要，规划自己部门的生意结果，就成了部门的战略发展目标。一个部门往往有多个生意，通常是按照业务线或职能线来划分。业务部门会有多个业务线，可以按照产品、客户、区域、销售形式等维度来划分，不同的业务线会成为该业务部门的多个生意；职能部门将按照职能线来划分，比如人力资源部就会拥有招聘、培训、绩效等多个职能，所以人力资源部将拥有招聘、培训和绩效三个生意。

典型职能的生意模式（部分）如表 2.3 所示。

表 2.3 典型职能的生意模式（部分）

部门	业务 / 职能	客　　户	产　　品	结果交付
人力资源部	招聘	业务部门	新员工	新员工报到数的能力
	培训	业务部门	合格员工	合格员工数
	绩效	业务部门	合格员工	合格员工数
销售部	大客户	财务部	销售方案系统	合格的大客户数的销售额
	渠道运营	财务部	渠道经营系统	合格渠道的销售额
财务部	融资	业务部 / 总经理	资金	低利率融资总额的能力
	核算	业务部 / 总经理	报表	合格的报表数
	投资	总经理	项目	合格的项目投资数收益额
市场部	销售支撑	销售部	潜在客户	潜在客户总数
	市场管理	总经理	合格的团队	业绩达标的销售团队数

续表

部门	业务 / 职能	客　户	产　品	结果交付
售后服务部	售后维修	生产部	维修工单	一次合格的维修工单数
	售后管理	总经理	隐患和事故	售后质量成本总额
	协助销售	销售部	老客户的新需求	老客户的新需求数

举例一：培训部的生意模式

企业的培训部到底在经营一项什么生意？这里按照上述五个问题的结构来问一问。

第一，培训部的客户是谁？老板，业务负责人还是全体员工？

第二，培训部的产品是课程、老师、项目还是员工？

第三，产品交付是课程上完还是项目实施完毕呢？是给学员发了证书还是评估了学员的业绩增长呢？

第四，业绩好，培训团队有什么收益呢？培训团队的年终奖发放应该是什么标准呢？谁给他们发呢？

第五，如果业绩不好，他们需要承担的责任是什么呢？

很多人认为，培训部门的客户是三者都算：老板、业务经理和基层员工。事实上，谁是培训部的客户，主要看其是否符合以下三个条件：

第一，是否是公司战略实施的责任主体？

第二，是否是系统性业务培训需求的提出者？

第三，是否能够对培训部做出年度以上的评价和反馈？

对照这三个条件可以发现，公司老板和业务经理都符合这三个条件，因此他们是培训部的客户；而基层员工不符合这三个条件：第一，基层员工不是公司战略实施的责任主体；第二，基层员工不能提出部门甚至岗位的系统化的培训需求，而只是个人的知识与技能的差距；第三，基层员工不能对培训部做出年度以上的评价和反馈，员工只能对培训部的某些课程做出评价。因此员工不是培训部的客户，员工恰恰是培训部的产品！因为针对公司老板和业务经理要实现的那个战略目标,他们需要有合格的员工来支撑他们的战略实现。这个“合格的员工”包括合格的员工、合格的管理者（合格的技术人员、合格的营销人员等）。他们需要的合格的员工到底由谁来提供呢？需要由招聘部门来提供“原材料”，由培训部来负责“过程的生产加工”，然后交给业务部门去负责“关系保有”。

所以，培训部提供的产品恰恰是合格的员工，及那些达到、符合各个岗位任职能力标准的员工。那么，交付的标准是什么呢？当前很多公司面对培训部是没有标准的，往往培训部认为我培训完了、考试合格了、发了证书了，就算工作完成了；可是业务部门和领导并不满意。因为他们要的，是能够在岗位上完成岗位的任务和目标、并且能够运用相关指标不断提升的员工，这样才算合格。因此，作为一项生意，培训部在实施培训之前，应该主动去找你的客户讨论产品的交付标准，只有标准确定清楚了，这个生意才能做好、做长久。同样地，当培训部确立了自己的生意模式以后，也是需要与客户去讨论自己团队的利益机制设计：做得好，需要他们给自己团队提供什么样的绩效评估；做得不好，自己团队将承担什么样的责任。

培训部带着与“客户”确定好了的“合格员工”的标准，对全体员工进行盘点工作,目的是找到那些“不合格的员工”,因为只有“不合格员工”的存在，培训部才拥有了生意的机会，将“不合格员工”变成“合格的员工”就变成了培训部重要的工作职责，其中“培训”只是手段之一，除了培训之外，还可以通过优化流程、设计绩效工具、推动员工轮岗或外包的方式来推动员工的合格率，如果能够做到这些，“培训部”也可以调整名称为“绩效改进部”了。

举例二：市场部的生意模式

市场部具有两个职能：销售支撑和市场管理。销售支撑这个生意的客户是销售部，销售部需要市场部在销售支撑这个职能上交付什么样的价值呢？有人说是市场产品策划、推广活动设计、品牌广告的宣传等。但是对于销售部来说，这些都是市场部的手段，销售部的目标就是提升销售额，要想获得销售额就需要有潜在客户。销售部希望市场部能够给他们提供源源不断的“潜在客户数”，所以“潜在客户数”将成为销售支撑职能的产品。

市场部的第二个职能是市场管理，该生意的客户应该是总经理，其产品是“合格销售团队数”，因为对于总经理来说，重点是关注销售团队中哪些达标，哪些没有达标，如果销售团队中，有 30% 没有达标，那么这 30% 的不合格销售团队就成为老师辅导的重要对象，市场部必须想办法将 30% 不合格的销售团队转化为合格的销售团队。至于市场部用什么样的方式，比如调整政策、撤换人员、业务外包等，这些都是解决这个问题的手段。对于总经理来说，获得合格的销售团队才是更加重要的（见图 2.1）。

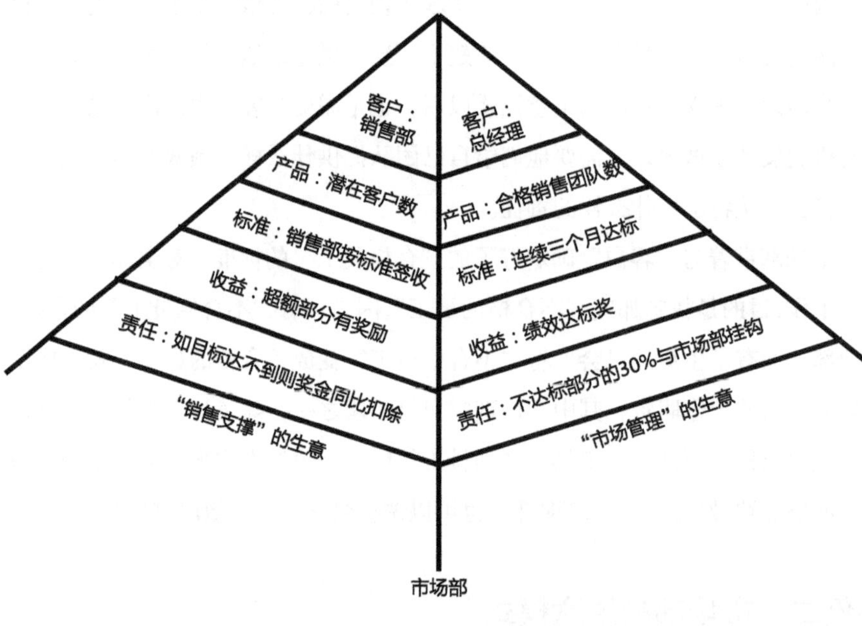

图 2.1 “伞形”生意模式

举例三：售后服务部的生意模式

对于很多企业来说，售后服务部似乎永远是缺人的，各业务部门都希望能够增加更多的售后服务人员，方便为他们服务。但是，这种状态带来了另外的症状，即售后服务团队越来越大，但其成本却是由公司承担的。

售后服务部门有三个职能：售后维修、售后管理和协同销售。

首先看售后维修这个职能应该是谁造成的？生产部或工程部。售后服务是由于生产或工程实施过程中，质量把握不严格而产生了后遗症，才产生那么多售后的故障，因此，售后维修的客户应该是生产部或工程部。生产或工程在验收交付之际，需要留取部分的奖励作为业务的“质量保证金”，当产品交付达到一定时间内，该批次的产品没有客户投诉并产生维修费用，该“质量保证金”则返还部分给生产或工程部门作为奖金，如果产生了售后维修费用，则从该费用中扣除。

售后服务部的第二个职能为售后管理，最好的售后服务是不需要售后服务，该职能存在的价值在于，不仅能够通过维修弥补客户的不满意，同时要采集产品和服务在售后环节中形成故障的隐患来源，然后将隐患反馈给相关部门，从而帮助企业预防售后事故的发生。这个职能指向的是公司的组织发展价值，所发生的费用应该从公司的发展基金中开支。该职能的客户为“总经理”，产品为“售后隐患和事故”。

售后服务部的第三个职能为协同销售，售后服务部门的人员是最容易和客户接触且深入交流的，因为销售人员要约见客户是不太容易的，而售后人员上门通常会得到客户更大的重视，所以售后人员可以拥有“协同销售”的职能，通过在售后服务过程中，探询客户需求、设计销售方案、采集客户信息等，从而帮助销售部获得新的订单。该职能的客户为“销售部”，产品为“合格的客户需求线索”。

谁是绩效评价的主导者

既然拥有“一切皆生意”思维，就需要想清楚自己能够交付的结果。

企业是一个营利性组织，是在共同战略方向和战略目标牵引下的多位利益相关者共同完成的价值创造与传递、价值评价与分配的复杂协作系统。对外，每个企业都需要作为一个整体向客户交付客户认可的价值；对内，企业各个部分在分工协作体系中各自发挥规定的职能，共同设定绩效目标、制订绩效计划，通过不懈的努力实施绩效计划、对绩效计划实施后取得的绩效结果进行考评，来支撑整个企业绩效目标的实现。正如德鲁克所说的那样，企业的各级管理者必须对绩效负责，也就是要对绩效结果负责。

很多管理者认为是领导需要绩效管理（特别是绩效考评结果的真实信息），但事实上绩效管理的真正责任主体从来就是各个业务部门负责人及其团队。

从发展源头来看，绩效本来自体育界。比如说 NBA 球员的价值主要取决于以下几个绩效数据：上场时间、助攻、抢断、篮板、投篮命中等，即比赛过程中各种指标的表现。球员未来的发展都和这些数据有关系。对于球队来说，谁更需要看到这些数据呢？显然，球员更需要看到这些数据，以推动自己职业的发展。再比如，高尔夫运动员每次击球之后，都会从口袋里掏出一张卡片（计分卡）来记录成绩，这张卡片也是平衡计分卡 (BSC) 的由来。可见，球员本身更需要掌握自己的真实绩效信息。

正如我们每个人自己（而不是我们的家人或朋友）更需要提前掌握自己身体真实的健康数据，企业中，不仅是老板或人力资源部需要及时掌握各个管理者及其团队的绩效过程和结果信息，每个管理者自己也需要准确地掌握自己及其团队所负责的绩效目标的真实过程信息和结果信息。换言之，各级管理者应该最需要高效运转的绩效管理系统，每个管理者和员工都要有需要交代的结果来证明自己及其团队的价值。在这里，人力资源部和财务部等部门的作用是协助管理者及其团队进行绩效数据的设计、测量和分析，其目的也不只是为了绩效的分配，更多的是为了个人、团队直至组织整体绩效的提升和改进。

因此，我们得到的一个结论是：每一个部门的管理者都是绩效评估的主体，需要说清楚自己及其团队的绩效结果。

建立共同愿景

什么是共同愿景？共同愿景是基于利益相关者未来的共同愿望所要实现的景象。部门级的共同愿景是指部门的组织内外部客户、领导、员工和供应商这四个维度对于该部门的共同期望，是客户、领导、员工和供应商（内外部供应商）对该部门期望的交集。

为什么需要建立共同愿景呢？因为组织的价值创造主体归根到底是人，经营的核心也是人，经营人的核心是经营“人心”，利益相关者的人心向背就直接决定了生意走向红火还是走向衰败。人只有基于共同愿景才能达成共识，才能够形成共同的行动去推动实现共同的结果。所谓“上下同欲者胜”，建立了共同愿景，就是为了形成强有力的团队，本着互利共赢的原则，为同一个目标而努力。

为了找到部门生意的共同愿景，管理者需要首先明确企业的战略方向、业务的不同阶段，然后找到职能之间的驱动关系（公司处在不同的发展阶段，驱动部门可能不一样，我们上文已经对此进行了简要分析）。在此基础上，部门管理者需要说清楚本部门各个价值链所涉及的利益相关者，去分析基于组织战略实现过程中各自期待实现的愿望。通常，每一个生意的利益相关者都有四个：客户、领导、员工、供应商。这里客户是指价值交付的对象，领导是指价值的发起人，员工是指价值活动的实施者，供应商是指价值实现的必要要素的供应方。管理者需要基于驱动职能找到客户、领导、员工和供应商的共同利益点（见表 2.4）。

表 2.4 企业内的部门利益相关者及其定义

部门利益相关者	定　义
客户	价值交付的对象
领导	价值的发起人
员工	价值活动的实施者
供应商	价值实现的必要要素的供应方

以财务部的三项职能为例来说明利益相关者（见表 2.5）。

表 2.5 财务部的利益相关者

利益相关者 / 财务部价值链	领　导	客　户	员　工	供应商
核算价值链	财务部直接上级	领导及各业务负责人	财务部负责核算的员工	各业务部门
融资价值链	财务部直接上级	业务部负责人	财务部负责融资的员工	银行、基金、担保公司等资金提供方
投资价值链	财务部直接上级	公司领导	财务部负责投资的员工	外部资金管理团队

在具体描述愿望时，我们提出以下几条基本原则作为参考。

基于未来的：与利益相关者探讨未来他们需要的结果是什么样的，讨论未来有助于形成长久的、持续的、稳定的价值共识。

基于现实的：从现实的角度出发，讨论下一步彼此能够带来的看得见的价值，推动彼此立即合作的进展。

可以实现的：愿望是可实现的，才能够激励大家对愿望的坚守，尽量用已经实现的案例来影响大家，提升大家的信心。

有激励性的：每个人都有各自的期望点，物资、精神、成长、关爱、存在感、参与、学习等，形成不同的愿望组合，丰富共同愿景的结构。

互利的：共同愿景要具备“互利”的原则，每个责任人能够从“利他”的角度出发，也能够达到“利己”的目的，这样的愿景才能长久。

在所有的利益相关者中，谁是我们价值的支撑者呢？在不同的阶段，这些利益相关者会发挥不同的价值。卖方市场中“卖方”发挥价值，买方市场中“买方”发挥价值，遵循“从善如流”的价值理念，生意的主导者才能在不同的环境下，发挥不同利益者的价值，并给其他利益相关者带来价值，这样的生意才能生生不息、蓬勃发展。

拆掉部门墙

很多企业都存在“部门墙”的现象，即各个部门画地为牢、各自为战，相互之间的沟通、协同困难，造成企业整体效率低下，不利于企业战略实现，形成不良的企业文化。为了拆除这样的部门墙，人力资源部门想出了很多的办法，比如举办《跨部门沟通》的课程，组织跨部门的团队建设活动，宣贯协作协同的文化理念等。活动现场，大家群情激昂、充分投入、积极反思、主动承诺，但是回到工作岗位之后，似乎又“一夜回到解放前”，为什么这样的方法难以根本解决“部门墙”呢？

部门墙的本质是“屁股决定脑袋”，要想让大家脑袋往一处想，就要让大家把屁股坐到一个板凳上，每个部门在设计各自“生意模式”的时候，就要把其他部门的生意利益考虑进来。比如有些销售部总是感觉财务部不支持自己，奇怪的是财务部对其他的销售部却相当支持，那是因为那个销售在设计自己生意模式时，把财务部看成自己的供应商，并描述清楚他们的共同愿景，自然就形成了一体化的合作关系。

“把别人的问题转化成自己的问题”，当每个部门在设计生意模式时，都能先考虑其他部门如何和自己形成“客户”与“供应商”

的关系，为了共同的愿景、目标和利益，大家自然形成协同合作的关系。

因此，管理者在设计自己的生意模式时，不是总考虑自己要什么，然后再把自己的理念推销给别人，这个思维是不对的。很多管理者反映在分解目标时，经常遇到员工不接受、不理解公司设定的目标，签订目标责任书会成为异常艰难的活动。要想让员工更好地接受目标，就需要站在员工的角度来表达，否则就违背了“己所不欲勿施于人”的原则。

客户服务部的故事

某市通信分公司发现了一个很严重的现象，随着3G业务的蓬勃发展，中国联通一度获得了不少高端客户的市场，客户服务部员工开始投诉，说她们开始服务越来越多的客户，收入还没有太大的提升。同时，领导找咨询公司希望解决的问题是：打造团队协作的意识同时，能够改变员工能力。面对老师的到来，员工们表现得非常不友好，因为她们不认为顾问们能够解决什么实际问题。

面对这样的状况，顾问们该怎么处理呢？从员工的收入期望着手，探询她们的未来收入目标。经过研讨，客户服务部的员工的收入构成为基本工资、福利和绩效，其中只有绩效可以增加，绩效收入又由2G业务、3G业务和客户服务三项业务构成，2G业务30元/客户，3G业务600元/客户，客户服务800元/月。她们惊讶地发现，如果需要增加收入，应该把主要精力集中在3G业务上，但实际她们却把大量的精力投放在客户服务的事务性工作中。

当员工意识到关键方向为3G业务后，她们全力以赴地推动3G业务，很快收入就有了大幅度的起色。事实上，这样的选择也非常符合领导、供应商和客户的需求，因为领导需要达成新业务的目标，供应商需要提升出货量，客户希望更快地拿到心仪的手机产品。

需要指出的是，我们基于部门寻找共同愿景的最大价值，是在后面设计该部门关键绩效结果的驱动公式时，基于共同愿景来梳理利益相关者之间的关系。

价值导向

面对多个利益相关者，我们将给他们创造什么价值呢？怎么样才能形成价值交付的标准呢？是否创造了他们需要的真正价值？如何满足不同人员在不同阶段的需求呢？如何平衡不同价值之间的关系呢？价值的延续度如何？面对这些疑问，我们需要回答清楚部门的“价值导向”。

一般来说，一个部门创造的价值可以从规模、效率、质量、成本四个方面进行设计，简称“多快好省”的价值导向（见图 2.2）。

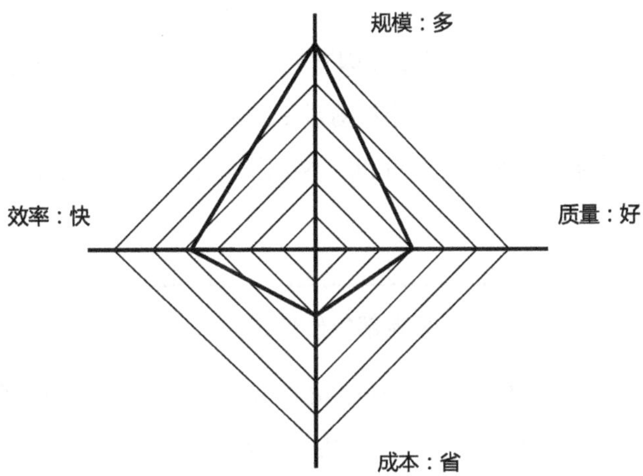

图 2.2　多快好省四象限

规模（多）：表示交付的价值总量，比如销量、产量、人数、回款额、合同额、客户数等，可以用绝对值来量化。

效率（快）：表示单位时间内交付价值的多少，可以用时间来量化。

质量（好）：表示交付价值的内在品质，可以用比率来量化，比如合格率、满意度、转化率等。

成本（省）：表示交付价值所需支付的成本，可以用绝对值来量化，比如物料、人工、管理成本等。

不同的部门在不同的阶段都可以找到一个或多个关键的价值导向点，也就可以从中找到量化指标。分析部门的价值取向会进一步帮助部门管理者在价值链分析的基础上找到部门的结果性指标。

这四个价值导向中，哪个价值导向应该是核心价值呢？通常大家的回答是“看情况”、“没标准”，因为大家觉得在不同的情形下，应该遵循的价值导向是不一样的。比如销售部有时候要追求“多”，有时候要追求“好”；采购部有时候要追求“省”，有时候要追求“好”，到底如何才能将它们之间的关系说清楚呢？

原则如下：以“多”为核心，将“快”、“好”、“省”形成标准作为“多”的定语。

第一，确定规模，即“多”；原因有三点，一是组织战略的发展往往是围绕着规模来发展的；二是规模更容易衡量；三是规模更容易分解。

第二，确定标准，效率、质量和成本都需要有标准，这些标准会成为“规模”交付的定语。

采购部的价值导向

通常大家会认为采购部的价值导向是“省”，说采购部每省下一块钱，公司的利润就增加了一块钱。表达这种观点的人不是企业总经理就是财务部，但从经营价值链来看，采购部的客户却是生产部或工程部。

采购部为了省下一些运输费，他们可能做出以下的行为：明明要分三批来发的货，采购部为了省钱，把这三批货凑在一起发，的确给公司省下了两千元的运费，当总经理知道了此事，自然会给采购部点赞，并鼓励他们再接再厉。

采购部的这种行为却带来了另外的负面反应，正是由于采购部推迟了某些批次的采购单的发货，导致生产部或工程部没有能够及时拿到材料，生产停工、员工等待、无法验收、延迟付款、客户投诉等风险产生，从而形成直接和间接的损失超过一万元。此时总经理将无法应对生产部或工程部的投诉。

这件事情产生的原因非常清楚，错在采购部，将“多快好省”的价值导向搞错了，采购部的核心价值导向首先应该是“多”，即满足生产部或工程部生产需要的采购订单“多”。在这个基础上，再考虑“快好省”的价值创造，事实上，“快好省”一旦形成了交付标准，就不能轻易调整。

我们可以想想“合同”签署的内容，大多数合同都是首先规定“规模”，比如双方要交易多少产品、支付多少费用、提供多少支持、获得多少好处等，然后再明确质量、效率和成本等方面的标准。

人力资源部向业务部门交付员工，业务部门的需求可能是“多”、“好”、“快”、“省”都要，并且会随时变化，人力资源部面对这种随时变化的价值导向也会无所适从。因此，人力资源部和业务部门首先要围绕“多”进行商定，即明确在新的一年中，业务部门到底需要多少人，确定了需求的人数后，在商定质量要求、交付时间和交付成本这三大标准，这样双方围绕“人员招聘”这一生意才能说清楚。

描述一级问题

取果不取因

每个职能的生意确定了“多”的价值导向后，会产生多个指向“多”的因素，需要对这些因素进行因果归类，从而取到真正结果的因素，即成为一级问题的名词。

以“销售部”的职能为例，销售部需要创造更多的客户数、更多的销售额、更多的份额等，这几个因素之间是什么样的因果关系呢？客户数是因，市场份额是果；市场份额是因，销售额是果。很多人不理解为什么市场份额是因而销售额是果，从领导和员工的角度是谁更关心销售额？全部关心，他们谁更关心市场份额？领导。为什么领导比员工更关心市场份额，因为市场份额是“未来销售额的因”。

再以“培训部”为例，培训部需要培养更多的合格的员工，就需要有更多的预算、更多的师资、更多的项目、更多的员工、更多的课程，这几个因素之间的因果关系是什么呢？经过归纳之后，因果关系如下：预算决定了合格的员工，员工决定了更多的老师，员工和老师决定了课程，课程就决定了项目，项目决定了合格的员工数。

因此，销售部的结果为“销售额”，培训部的结果为“合格的员工数”。

一级问题描述

关于一级问题，大家要记住的关键词为“战略结果的偏差”，即每个职能确定在组织中的生意逻辑，向客户交付的结果的偏差。每个部门都可能有多个一级问题，因为一个部门会有多个职能或业务，从而形成多个生意，每个生意都会有各自的客户和产品的定义，基于客户的需求来描述战略级的结果偏差即为一级问题。描述问题需要符合主语＋谓语＋宾语＋补语的格式，主语通常为第一人称，谓语为动词，宾语为名词，补语为量词的偏差。

一级问题的描述如表 2.6 所示。

表 2.6 销售部和培训部的一级问题描述

主 语	谓 语	宾 语	补 语
销售部	提升	2019 年的会议销售额	从 2000 万元到 3000 万元
培训部	提升	2019 年的合格员工数	从 150 人到 300 人

主语：主语为问题责任主体的界定，明确该问题的责任人。

谓语：谓语表达了该问题解决的价值方向，如“提升”、“缩短”、“增加”、“提高”等动词。

宾语：宾语是问题的关键词，要界定问题的时间、内容的边界。

补语：补语表现了问题偏差的程度，由两个量词构成，第一个量词代表现状值，第二个量词代表战略目标值，从而保障支撑企业战略目标的实现。

目标值的设定

首先，我们来设定一级问题的目标值。目标值要与组织的战略目标相结合，它应该是 2 ～ 3 年的长期战略目标的理想值，至少是 1 年的目标理想值。以酒店会议业务为例。

确定企业的战略目标：经过测算，酒店的战略目标为 7000 万元，即三年后酒店的所有业务的总结果额为 7000 万元。

明确销售部的生意模式：作为业务部门，销售部的生意由业务线决定，销售部负责会议和散客客房两大业务，从而形成这两个生意。

计算销售部生意的比例：过去三年中，销售部的销售额占酒店整体的 50%，其中会议业务占 50% 的 90%，散客客房业务占 50% 的 10%。所以三年后，会议业务的销售额目标值为 3150 万元，散客客房业务的销售额为 350 万元。

设定愿景值的基本原则如下。

- 根据企业的战略目标确定部门职能的目标值；
- 比对企业上一年职能结果的数据；
- 比对行业标杆团队的数据；
- 分析市场可能性的结果数据；
- 基于自我判断和领导对未来的判断的数据。

了解了设定原则，接下来目标值一般是按中长期（3 ~ 5 年）战略目标进行设定。

现状值的测量

完成了目标值设定，接下来要进行现状值的测量。现状值就是职能结果目前的真实值，它先要测量掌握数据收集的方法，即识别测量方法，再制订测量计划和收集数据。

制订测量计划考虑时间、金钱和准确性之间的平衡，还要考虑：

- 由谁来收集数据?
- 数据在哪儿?
- 何时（每天、每周）收集数据?
- 需要哪些资源的支撑和协助?

测量到的数值，在收集过程中注意：

- 减少实施与计划的偏差；
- 严格根据定义要求收集数据，保证一致性；
- 观察并及时处理数据收集过程当中的异常现象。

第3章

二级问题P2：寻找驱动要素

> 二级问题的定义：基于公司年度经营目标的部门级过程驱动指标的偏差。

很多企业在战略分解中，通常是从企业的战略出发，运用战略地图、平衡计分卡和KPI等工具组合，将战略目标分解到各个部门及职能，形成阶段性的关键绩效指标和关键绩效任务，然后各部门再转化成年度经营计划和预算，并纳入到企业绩效考核系统。这样的做法解决了从“脑袋”到“腰部”的过程分解，但是从“腰部”再到“四肢”的分解却难以打通。虽然有了战略导向的引领和关键指标的评估，但岗位级的任务多数还会回到“经验式”的制定状态，所以任务和结果之间缺乏“驱动性”的转化关系，即使任务完成得很好，指标的分数也越来越高，但是大家不能保证组织的结果目标一定能够实现。

在本章节中，我们将围绕系统思考、驱动公式、驱动要素、三轮矩阵等工具展开介绍，围绕二级问题的设计、定义、测量和识别等方法进行学习。

系统思考

> “在我们所有人身上都有某种东西——喜欢拼图，喜欢看到整个图像慢慢清晰起来。一个人，或一朵花或一首诗的美丽之处在于她的完整。系统思考就是看到事情全貌的一项修炼。它提供了一种框架，来帮助我们观察相互关系而非仅仅是事物本身，是用于观察模式和趋势的。”
>
> ——彼得·圣吉

这是《第五项修炼》的作者彼得·圣吉(Peter Senge)的一段话，彼得·圣吉为原麻省理工学院的系统动力学的资深讲师，他把系统动力学的原理运用在组织学习上，由此写出了《第五项修炼》，应用在学习型组织的建设上。

这本书更多强调的是系统思考，五项修炼首先强调“自我超越”，从个人层面实现自我突破，这是第一项修炼；要想实现个人的自我超越，需要“改变心智模式”，这是第二项修炼；接下来还要实现团队和组织的超越，团队和组织的超越需要建立“共同愿景”，为第三项修炼；而实现共同愿景的方法是“团队学习”，即为第四项修炼，带来团队的突破。这四个方面的突破都需要依靠一个工具，那就是系统思考，因此把“系统思考”定义成第五项修炼。

五项修炼中最核心就是系统思考，关注的不仅仅是事物本身，更重要的是事物与事物之间的关系。企业和人类的其他活动一样，也是一种系统，也都由多个息息相关的事物构成的，彼此影响着。要想提升企业的运营和管理的效率，就必须对企业的系统进行整体化的研究和构建，这个过程是离不开“系统思考”这一工具的。

过河的故事

一个农夫想要过河，等他走到河边才发现，原来经常走的小桥已经被大水冲垮了。他环顾四周，既看不到其他的桥，也看不到有船只。对他来说，这可是一件非常棘手的事情，因为他要赶一个重要的聚会，焦急万分的农夫手足无措，坐在河边哭泣起来。在小河的边上有座山，山上住了一个和尚看到了这个情景，却会心地笑了。因为他清楚地看到离农夫500米左右的转弯处，就有另一座小桥，他安排小徒弟迅速下山告诉了农夫，农夫才开开心心地过了河。

在这个小故事中，农夫和和尚谁是系统思考？当然是和尚，因为农夫只看到了小河，而和尚却看到了小河和小桥之间的关系，所以很快能够给出过河的模式为通过小桥过河，给出了趋势性行为是左转500米。和尚之所以能够系统思考，是因为他站得高、看得远。在工作中，管理者如果找不到更好的解决方案，就需要反思是否要在更大的系统中看到整体，从而能寻找到新的趋势和模式。

三种思维方式

在解决问题和改进业绩的过程当中，有三种应对问题的思维方式，分别是点状思维、线状思维和网状思维，而这三种思维方式又直接产生了三个层次的解决方案：症状解、模式解、根本解。

点状思维

点状思维是一种片面的、拘泥于具体事物症状的思维，属于局限思考。它只看到了问题表面，而没有追究问题的本质和产生问题的根本原因。具有点状思维的管理者习惯于为每一个表面症状找到一个对应的解决方案，如盲人摸象，看待企业管理问题只凭片面地了解或局部的经验，就主观猜测，做出判断和解决方案。这种只是解决了眼前的症状，却不具有可复制性来解决更多问题的方案，称为症状解。

线状思维

线状思维是沿着一定的线型（既可以是直线也可以是曲线）的轨迹寻求问题的解决方案的一种思维方法，属于因果思考。具有线状思维的管理者会考虑事物前因后果之间的联系，基于发展的需要，他们采取的解决方案在一定阶段里是有效的，但由于思考仍不全面，一旦前提条件发生了变化，这样的方案就不再能够解决问题了。就像刻舟求剑，那个寻找失落佩剑的乘客，只看到了宝剑掉落位置和船的关系，而忽略了时间和空间的位置变化的关系，他的解决方案不能应对变化。同样，守株待兔的故事也是这个道理。这种参照一定的模式，但不能随着环境变化而进行优化的方案，称为模式解。

网状思维

网状思维就是以整体的观点进行系统思考的思维模式，重点是研究系统内事物之间的关系。它不仅帮助我们看到点、线和面的各自存在状态，还能够帮助我们看清楚点与线、线与面之间的关系，从而快速找到点与点之间的最佳路径。系统思考是从多种要素的整体角度出发，分析和解决问题，这些要素包括时间要素、空间要素和因果要素。用系统思考的方式来构建出新的符合未来发展需要的关系的解决方案，称为根本解，这种解决方案在组织职能和架构不发生大的变动的前提下，是长久有效的。

烧水的例子

炉子上烧着水，水开了之后产生的热气会将锅盖顶起来，并发出“突突突”的声响，想要使炉子上正在沸腾的开水凉下来，该怎么做？

第一种方法是加上一些凉水，这种“扬汤止沸”的做法是症状解，消除了短期的症状，可很快又沸腾了。

于是有人想到另外一个方法，干脆从自来水管接个管子过来，不停地导入凉水，这样能消除沸腾的症状，并且能保持一段时间，这种“细水长流”保持长期平衡的做法是模式解。

要想让水凉下来，更好的做法就是把火关掉，这种“釜底抽薪”的做法是根本解。

在选择最佳方案的时候，通常要在模式解和根本解当中选择，大家都希望能够找到根本解，从而做到一劳永逸，但是事实上，往往是选择模式解更加现实。因此，在选择方案时，在找到最理想的方案的前提下，由于环境和前提的不成熟，退而求其次，更多时候选择了次优的模式解。组织的发展充满了各种“妥协”的过程。

商业业态的升级

管理者在工作中总是面对着纷繁复杂的信息，如何通过系统思考的方式能够看到一些趋势和模式呢？

经营水管的企业获得两个信息：

- 天气预报本年度的冬天会大面积降温；
- 一个规模较大的竞争对手将于下半年完成工厂的搬迁。

基于这两个信息，该企业会做出以下的判断：

- 天气一冷，水管就可能因为保护不善会导致大面积爆裂，水管的需求量自然增加；
- 竞争对手下半年工厂将搬迁，整体市场的供给会大幅缩水。

该企业基于系统思考会带来对“模式和趋势”的判断：加大下半年的库存和产能，应对冬天旺季的到来。

在过去二十多年中，中国商业升级的核心是围绕“流量的转移”展开的。

商业 1.0 时代：批发市场模式。在 20 世纪八九十年代，老百姓购物喜欢去批发市场，在那个物资紧缺、渠道不畅的年代，琳琅满目的小商品批发市场吸引了老百姓的目光，因为商品种类全且便宜，一到过年过节的时候，批发市场总是人满为患。

商业 2.0 时代：超市模式。相对于批发市场，超市同样具有品种全、价格低的特点，并且更加便捷，购物环境更加舒适，人流量逐步转向了超市，随着这种业态的发展，中国市场还培育了垂直连锁超市如家电、图书、母婴、化妆品等连锁超市品牌。

商业 3.0 时代：大型商场模式。以 20 世纪 90 年代末河南郑州亚细亚商战为标志，全国各大城市的大型商场开始进入了快速发展阶段，消费者更加看重商场的购物环境、品牌商品和服务体系，中国进入消费升级的阶段。大型商场不断地扩大规模，兼并重组，举办各种店庆促销，吸引消费者的流量。

商业 4.0 时代：购物中心（Shopping Mall）模式。以万达模式为代表的购物中心迅速席卷全国，这种将商业、娱乐、餐饮、社交等功能进行一体化集成的模式大大地吸引了消费者，并在不知不觉中改变了中国人的购物习惯，过去的“逛街”主要为了购物，现在变成主要为了吃饭、看电影、聊天之余，顺便买东西。

商业 5.0 时代：自从阿里巴巴用免费的模式在中国市场打败了 eBay 之后，开始全力推动中国消费者网上购物，直到推出了“双十一”购物节后，消费者才逐步被培养成习惯于网络购物，大量的流量开始转向互联网。

但是线下曾经的商业发展与演化的历史，还会在线上重新上演一轮，只不过周期会更短，竞争更加惨烈。如以淘宝的“批发市场模式”到京东的“超市模式”，再到天猫的“大商场模式”，未来很快会出现以经营消费者数据、通过虚拟现实 (VR)、人工智能 (AI) 等科技手段强化消费线上线下体验一体化的“购物中心模式”，单纯经营“流量”的创业公司会遇到挑战，而“精准流量 + 价值创造”的创业公司会拥有更强大的生命力。无论是商业的经营、企业的管理，还是国家与国家的关系、文化的融合，都可以从“系统思考”中来观察事物与事物之间的相互关系，从而判断未来的模式和趋势。

驱动要素

驱动公式

前文中提到“语文式”管理和“数学式”管理的区别，特别强调了在过程管控中“数学化”管理的缺失，导致过程管控中很容易从目标直接转到了计划和预算，从而将过程管控简化成了“任务管理”，过程不可量化、不可控制、不够稳定、不能保证带来结果，因此我们需要在“任务”和“目标”之间找到一个能够衔接彼此的要素，即驱动要素，设计驱动要素需要运用的数学公式称为“驱动公式”。

什么是驱动公式？驱动公式指在一张图中，用加减乘除的算法，将多个驱动要素串联起来的公式。

一个公式体现系统性

回到企业的管理改进中来，我们怎么做到系统思考？企业经营遇到问题如何有效解决？相信这些问题一直困扰着管理者，驱动要素和驱动公式将从系统思考的角度来帮助大家思考解决企业问题、提升组织绩效的过程。

如果把企业比做一辆汽车，该汽车会具备多个系统：转向系统、传动系统、制动系统以及悬挂系统等，每个系统都有自身的功能定位，为了完成这些功能定位，每个系统都自成一体，由多个零部件形成驱动关系，来保障功能定位的实现。管理中同样如此，每个部门都有各自的职能定位，从而形成该部门的多个生意模式，为了达到生意的结果，就需要有多个要素实现的保障，并且这些要素能够在一个公式中体现出它们之间的系统关系。

加减乘除体现逻辑性

前面已经提到，职能的价值导向通常有四个方面：指向“多”的规模、指向“快”的效率、指向“好”的质量和指向“省”的成本。为了方便大家记忆，我们将“多快好省”和“加减乘除”进行了匹配：

“多”通常用乘法，如合格员工数 = 参培员工数 × 合格率，销售额 = 销量 × 单价；

“快”通常用减法，所谓快，是指单位时间内能够完成更多的任务，如研发周期 = 计划的 3 个月 – 定义 0.5 月 – 设计 1.5 月 – 测试 0.5 月 – 发布 0.5 月；

“好”通常用除法，如培训支撑率 = 能培训的学员数 / 总需求学员数，合格率 = 合格的产品数 / 总产品数；

“**省**”通常用加法，如成本额 = 固定成本 + 变动成本。

在实际应用中，加法和减法、乘法和除法之间可以相互换算。

驱动思维体现发展性

驱动公式的算法会体现两种思维：统计思维和发展思维。

统计思维是指事情完成后对过去产生的结果进行统计；

发展思维是指事情还没有完成，需要找到可支撑完成未来结果的要素关系。

举例：银行的客均贷款额

统计思维的公式为：客均贷款额 = 贷款总额 / 总客户数

发展思维的公式为：客均贷款额 = 客均需求资金总额 × 贷款转化率 × 我行合作转化率 × 风控审批通过率 × 落地使用率

第一种算法中的“贷款总额”和“总客户数”两个要素，都需要等到工作完成后，通过统计而得出的结果；第二种算法中的银行客户部可以通过提前规划推动“客均需求资金总额”（代表客户质量）、“贷款转化率”（代表产品吸引力）、“我行合作转化率”（代表客情关系）、“风控审批通过率”（代表方案专业性）和“落地使用率”（代表项目执行质量）五个方面的发展，从而支撑“客均贷款额”这个结果数据的提升，银行客户部重点抓基于发展思维的几个要素比抓基于统计思维的几个要素更有意义。

以“人”为本的驱动

组织的核心驱动是“人”，有利益关系的“人”构成了生意的基础，经营利益相关者就成了经营和管理的重点。从生意的角度来说，利益相关者通常有客户，领导，员工，供应商四类。领导和管理者的关系是一致的，管理者都是领导的代表，所以剩下三个利益相关者构成了生意的驱动主体，做好一个“生意”需要回答三点：

- 本生意将满足谁和什么需求？

- 本生意由哪些人基于什么能力和要素来满足需求？
- 本生意需要供应什么样的产品才能创造价值？

基于业务处于不同的发展阶段，同样的“销售额”这个问题可以设计出不同的驱动公式（见表 3.1）。

表 3.1　以“销售额”为例的驱动公式

业务阶段	驱动点	驱动公式
起步期	客户需求	销售额 = 客户数 × 客均项目次 × 次均合同额
发展期	员工能力	销售额 = 合格员工数 × 人均合同数 × 合同均额
成熟期	供应商产品	销售额 = 合格产品数 × 品均成交客户数 × 客均成交额

随着业务发展从起步期走向成熟期，支撑该业务的销售额的驱动公式也会发生变化，起步期的业务通常是“客户需求驱动”，适用于第一个公式，重点是通过获取更多的客户来提升销售额；发展期的业务通常是“员工能力驱动”，重点是推动员工或外部合作伙伴的能力来提升销售额；成熟期的业务更多是“供应商产品驱动”，重点要和供应商合作推出更加系统的产品方案来满足需求，从而达到提升销售额的目标。

业务部门的驱动可以这样思考，同样地，职能部门的驱动也一样可以按照这个逻辑来思考，以人力资源部的招聘职能为例，招聘职能的客户是各业务部门，产品是“合格的新员工数”，因此，招聘的生意在不同的阶段也可以设计驱动公式（见表 3.2）。

表 3.2　以“合格的新员工数”为例的驱动公式

招聘阶段	驱动点	驱动公式
起步期	渠道开发	新员工数 = 渠道数 × 渠道均简历数 × 面试到岗率
发展期	员工能力	新员工数 = 甄选官数 × 人均甄选数 × 面试到岗率
成熟期	岗位方案	新员工数 = 合格岗位数 × 均获取简历数 × 面试到岗率

随着招聘的职能从起步期走向成熟期，起步期公司有大量的岗位需要招聘，市场上应聘者对本公司招聘的岗位不太熟悉，这个阶段招聘部需要开发出

更多的渠道来宣传推广本公司的岗位，获得更多应聘者的信息。招聘工作进入发展期，随着公司的品牌形象的提升，应聘者的简历获取不再困难，需要有更多“合格的甄选官”来支撑筛选,这一阶段中,招聘部门的主要工作要转向“甄选官”的培养。当招聘工作走向成熟期，关键岗位成了招聘工作的重点，关键岗位人才的获取也面临更加激烈的竞争。这个阶段的工作重点是包装“重点岗位”的招聘方案，开发专业的渠道来接触这些专业的人员，因为这些重点岗位的对象通常不会把简历发到普通的招聘渠道里，只有通过专业群、特定圈、关键人才能够有效的接触他们。

管理培训行业的市场驱动转型

对于很多人来说，管理培训行业是一个新兴的行业，但随着中国经济不断的转型升级，这个行业也在持续发展壮大，形成了数千亿的市场规模。该行业的萌芽期从20世纪90年代开始，一小部分高校的教授、策划人以及来自外企的经理人开始小范围地提供管理培训服务，加上中国台湾、中国香港的激励式课程的推波助澜，管理培训行业很快成长起来，大大小小的培训咨询公司如雨后春笋般成立，各大高校的MBA、EMBA、EDP等项目更是促进了这个行业的发展，这样的态势客观上对中国企业的管理启蒙、眼界拓展、能力提升提供了帮助。作为行业的参与者，见证了多个机构的起起伏伏，培训咨询企业也需要遵循企业发展的驱动原则（见表3.3）。

表3.3 培训咨询企业驱动原则

市场阶段	团队驱动点	驱动对象	驱动要素
起步期	销售驱动	企业高层领导	合作客户数
发展期	服务驱动	人力资源、培训等部门	合作项目数
成熟期	产品驱动	业务部门	项目均额

在管理培训行业的起步阶段，通常依靠“销售驱动”。因为在

这个阶段，企业人员能力成长的需求开始慢慢放大，企业高层领导的学习需求首当其冲。因此，大批围绕企业高层领导学习的培训机构得到快速发展，主要交付形式为“公开课”，销售方式为“人海战术”，课程内容以“新思路”、“新信息”、“新概念”为主，老师的选择偏重于名人，课程现场表现为规模宏大、氛围热烈、单向演讲，充满了销售的氛围。该阶段维持了十年左右，由于大量的企业高层领导初次接触培训都是这种形式，从而对管理培训留下了根深蒂固的偏见，认为管理培训就是“演唱会”、“大忽悠”。

2008 年金融危机后，管理培训行业开始转型，中国经济的增长速度放缓，企业领导者开始真正关注“管理的价值”，需求升级，重视人力资源和培训部门的价值。培训机构也开始逐步转型，从“销售驱动”走向“服务驱动”,为企业人力资源部门提供培训需求采集、方案设计、项目实施、效果评估等专业化的服务，课程也从原来推荐老师到推荐项目，焦点从讲师转到项目的匹配上。公开课方面，大量的机构开始推出“学习卡”，为企业学习提供套餐服务。高校商学项目也开始转型，他们关注企业家的交际圈、资源交换等服务需求，后因影响了高校的形象，经过教育部的干预，高校的管理培训业务开始走下坡路。

近几年来，企业领导者越来越重视组织和人才发展，企业大学得以蓬勃发展，企业内部的培训机构专业化程度迅速提升；同时，互联网的快速发展，使信息和知识获取的成本越来越低。由此，过去依靠公开课和内训来赚取差价的“中介模式”就受到挑战，拥有知识产权和核心技术的培训咨询机构开始得到广泛认可。因为在这一阶段客户变成了“业务部门”，基于务实的角度，业务部门负责人会更加偏向能够解决业务部门短期或长期问题的供应商。

而在此背景下，企业的人力资源部也面临三个阶段的转型。第一个阶段为“资源中心”，即为业务部门和高层领导提供外部资源的识别、选择、实施等服务，这种服务只能满足企业的初级需求，价值不可持续；第二个阶段为“技术中心”，为组织和人才发展提供专业技术支撑，如组织设计、课程设计、平台支撑等，这样的服务对人力资源从业者的要求越来越高；第三个阶段为“数据中心”，即人力资源部将建立起以业务流程和逻辑为核心的数据库，围绕企业战略为业务部门提供过程效率的识别、分析、改进等方案服务，做到这一步，它才能成为真正的HRBP（人力资源业务合作伙伴）。

在实际的工作中，很多企业都缺乏“卖方案”的概念，大家更愿意“卖材料”，比如一家专门生产“水管”的企业，销售团队更加热衷于“卖水管”，绩效考核也是以“卖了多少米水管”为主要考核指标。但是，销售部的“产品”不是“水管”，而是“销售方案”，水管只是方案的原材料。除了“水管”是原材料之外，人力资源给销售部提供的“人”，以及财务部提供的“财务资源”、“财务政策”也都是销售部的原材料，不同的销售部通过整合这些相似的原材料，根据不同客户的需求，制订出不同的“销售方案”，以获得客户的认知、认可、埋单、回款，从而为企业创造价值。

卖钉子的故事

一家专门销售五金的门店迎来了一位女性顾客，需要买一枚钉子，营业员为了多创造一些营业额，就积极地向顾客推销店里钉子的品种、规格、数量等，希望顾客能够多买一些钉子。

这种销售行为是典型的“卖材料”的模式，再怎么推销，顾客最多冲着热情的态度，多买一枚表示心意，但是多买的那一枚钉子对于顾客来说算是浪费了。应该怎么样从“卖材料”的模式走向“卖方案”的模式呢？

营业员：你购买钉子的目的是什么？

顾客：家里需要挂一根绳子，但实墙上没有洞，螺母拧不进去。

营业员：嗯，你的墙上需要一个洞，是你亲自打洞还是有专人帮助你打洞？

顾客：这点小事我亲自做。

营业员：不经常操作的人最好用手套来保护下。

顾客：可以，带一副手套吧。

营业员：操作过程中，最好用老虎钳夹住，这样更稳更安全，家里有老虎钳吗？

顾客：哦，还真没有，也拿一把吧，反正以后也会经常用到。

营业员：如果家里的墙体很硬，光有小锤是不行的，通常用小锤定位，用大锤到位，你家里有小锤还是大锤？

顾客：家里只有小锤，能跟你借一把大锤吗，我可以付你租金。

营业员：好嘞，没有问题。

在这个销售案例中，顾客本来只想买一枚钉子，但是在营业员运用“卖方案”的思路的推进下，顾客分别购买了钉子、手套、老虎钳，并租用了大锤，这就是基于客户的需求形成了系统的解决方案，客户虽然花了更多的钱，却收获了更好的消费体验。

一个成功的方案通常由原材料、工艺和服务三个方面构成（见表3.4）。

表3.4 五金店“卖钉子”的解决方案

方案要素	内　容
原材料	钉子、手套、老虎钳、锤子
工艺	分析墙程、安装工具、安装方式、检测工艺等
服务	探询需求、上门服务、上门保养、售后服务等

通过这三个方面要素的整合和创新，能够给企业创造新的价值。很多人

一说起企业的产品和服务，立刻想到价格比较的高，这是缺乏客户服务意识所形成的“价格恐惧心态”。我们不需要给客户算命，算出他到底希望花多少钱，只需要获取且满足客户需求。事实上，多数时候，恰恰是服务提供方主动把客户的注意力引导到材料价格的比较上，才促使客户以“价格贵”的理由来拒绝交易。对于客户来说，在解决问题的基础上满足“自愿的选择”才是一场愉快的消费。

驱动要素与影响要素的区别

在一级问题的分析中，我们以五星级酒店的销售部为例，确定了销售部拥有“会议销售额的偏差”和“散客客房销售额的偏差”两个一级问题。会议销售额这个问题通常针对企事业和政府单位的会议和培训业务，这个业务在酒店的年度经营目标中占到45%，在销售部的业务中占90%，因此，“会议销售额”这个问题对于销售部来说非常重要。

过去，销售部成员在一起讨论分析“如何提升会议销售额”时，大家通常会有如下的表达：

- 八项禁令
- 熟人介绍少
- 口碑不好
- 设备陈旧
- 其他店降价
- 员工流失多
- 周边修路
- 员工能力低
- 会场数量少
- 产品更新慢
- 客源渠道少
- 竞争对手强
- 距离太远
- 停车不配套
- 客户会期短

以上这些要素都是“影响要素”，影响要素的讨论并不能直接解决问题，好处是在讨论之后，与会者的心情都变得特别好，大家都找到了更多的理由：原来目标没有达成不是我们的错，那都是什么影响要素造成的。因此，一旦确定结果目标之后，我们首先要讨论的不是“影响要素”，而是设计“驱动要素”。

驱动要素是指在一个公式中，用加减乘除的算法，以发展思维来计算出结果的要素组合，该公式即为驱动公式，如下：

会议销售额＝潜在客户数 × 一次成交率 × 客均需求数 × 合作转化率 × 次均参会人数 × 人均消费额

驱动要素库（部分参考）如表 3.5 所示。

表 3.5 驱动要素库（部分参考）

职　能	驱动要素	职　能	驱动要素
招聘	合格渠道数	质量管理	识别隐患人数
	渠道均简历数		均识别隐患数
	面试率		清除隐患人数
	合格甄选官		均负责隐患数
	人均甄选数		隐患清除率
	报到率		事故转化率
	留存率		事故均损失额
销售	潜在客户数	申报项目	政府部门数
	一次成交率		均线索数
	客均需求总数		合格部门数
	合作转化率		均项目支撑数
	次均产品数		成功转化率
	产品均额		验收合格率
财务融资	渠道数	生产	合格车间数
	渠道均授信额		均合格小组数
	合格项目数		小组均产量
	项目均融资额		小组有效开工率
	融资转化率		产品合格率
	融资合格率		合格产品均价

驱动要素和影响要素相比较，具有稳定性（Stable）、可控性（Controllable）、结果性（Result-driven）和可测量（Measurable）四个特点，简称“SCRM”。

稳定性：酒店销售部的这六个驱动要素，对于一个酒店的会议销售额来说，只要主营业务没有变化，十年前就要抓这六个数据，同样十年后还得抓这六个数据，而且不随着管理者的变化而变化，也不会随着环境的变化而变化。人员可以变化，但负责的驱动要素不能变，从而避免了“一朝天子一朝臣”的现象。

可控性：驱动要素的数据是通过责任人自己的努力可以实现的要素。驱动要素都是自己可以改变的要素，不是别人掌控的要素。例如“潜在客户数”，一旦确定为驱动要素，该销售部的全体员工都要围绕“潜在客户数”的标准和目标来制订策略和计划，通过大家的共同努力来提升该驱动要素的目标值。

结果性：驱动要素数据一旦改变就一定能带来结果的改变，如“成交客户数”、“客均消费次”和“次均消费额”这三个驱动要素的数据全面提升了，销售额的结果必然会提升，而影响要素的数据改变，只是可能改变结果，不能保证直接改变结果。

可衡量：驱动要素都是可以量化的，影响要素无法量化，或者量化了也没什么意义。因为可量化的数据需要满足持续性、活跃性和可比对性三点。驱动要素一旦确定，因其“稳定性”能保持“持续性”，其“可控性”能保持“活跃性”，形成了“结果性”的逻辑能保证数据之间的“可比对性”，而影响要素均不具备这些特征。

驱动要素的七大意义

找到组织的驱动公式和驱动要素，究竟对组织目标的完成有什么意义呢？它和以前的指标分解模式到底有什么差别呢？

当管理者过去得到一个结果指标时，通常怎么分解的呢？往往都是用“结果到结果”的方式。例如，酒店销售部要完成1000万元的会议销售额的指标，销售部经理会分给部门的4个销售人员，要么平均分配每人250万元，要么按能力分配，分解下来的状况可能是A（300万元）、B（400万元）、C（200万元）、D（100万元）。这种强行分配结果的模式会造成员工不一定认同，员工不保证能完成，管理者过程不可控的后果。

通过学习驱动要素，分解方式可以优化（见表3.6），员工不再单独接受销售结果的目标，而是围绕驱动要素的指标进行分解。

表 3.6 基于驱动要素的目标分解

销售额 1000 万元	潜在客户 数（人）	一次 成交率	客均需求 次（次）	合作 转化率	次均参会 人数（人）	人均消费 额（元）
员工 A	160	60%	4	50%	70	500
员工 B	120	50%	4	50%	60	550
员工 C	90	50%	2	70%	50	500
员工 D	80	40%	2	60%	40	600

注：实际工作中，为了保证目标的完成，管理者在分解目标时，每个员工的目标加总后超过管理者设定的目标数。

通过驱动要素来分解目标，可以带来七个方面的积极意义。

确定业务发展定位

什么叫业务发展定位？还是以某酒店的会议销售额为例，这 1000 万元目标的达成，是定位于少量的高消费客户，还是着眼于大量的低消费客户，定位不同，驱动要素的目标数据就不同。很多的管理者对于业务定位不清楚，他们希望通吃不同层面、不同定位的消费者，但是酒店的硬件配置、服务流程、促销政策、新产品开发和员工能力的培养，都要以特定客户群体为目标，如果没有精准的定位，会带来以下两种可能：

- 资源高配，客源低配，这种状态会影响到酒店的收益率。
- 资源低配，客源高配，这种状况会影响到客户的体验。

界定客户价值标准

通过驱动要素可以明确该酒店高价值客户的标准：月度需求次数不低于 4 次、合作转化率不低于 50%、次均参会人数不低于 50 人、人均消费额不低于 500 元。符合以上标准的客户即该酒店的高价值客户。对于高价值客户和低价值客户就会针对采取不同的接待标准。高价值客户的消费将启用一级的接待标准，低价值客户就启用二级接待标准（以不消耗本酒店核心资源为前提去提供服务），如果是更低价值的客户，可能还会有三级、四级标准去接待。总之，通过这样一种方式能够对现有客户进行精准的分类，如果没有这个分类，员工考虑出于对自身利益的考虑，崇尚“捡到篮子都是菜”，认为拉进来的客户都会有消费，自己拿到提成。但是过多低价值的客户恰恰会侵占这个酒店的核心资源，如会场、包厢、大厅等，这样会影响高价值客户的引进，最终影响到这个酒店的收益率，造成酒店整体绩效目标无法达成。

界定合格员工的标准

很多企业对合格员工的要求是德才兼备，但什么是“德才兼备”，缺乏相应的标准来衡量。采用驱动要素就可以量化合格员工标准。以酒店销售员为例，他的“潜在客户数”、“一次成交率”、“客均需求次”、“合作转化率”、“次均参会人数”和“人均消费额”等驱动要素指标是否在平均线以上，经过计算，结果大于 1 的员工可以定义成“合格的员工”，反之，结果小于 1 的员工则为“不合格员工”。

举例：如何计算员工合格率（见表 3.7）。

表 3.7 计算员工合格率

驱动要素	标准值	重要度权重	A 实际值	B 实际值
1 潜在客户数	100	30%	120	80
2 一次成交率	50%	30%	55%	45%
3 客均需求次	4	10%	4.5	3
4 合作转化率	50%	10%	60%	40%
5 次均参会人数	50	10%	80	35
6 人均消费额	500	10%	650	450

员工合格率的计算公式为：合格率 $=\sum$（实际值 / 标准值）× 权重，经过计算，A 员工的合格率为 1.21，B 员工的合格率为 0.83。

只有通过评价，确定员工的合格率，才知道下一阶段重点管理和辅导的对象是哪些员工，帮助员工从不合格提升到合格本就是管理者的重要职责，因为管理者“管理的生意”的产品即为“合格的员工”。

建立员工目标达成信心

过去任务分配是从结果到结果，员工看到的是领导分解下的结果，是否能完成，怎么才能完成，在员工心里没底，其实多数时候领导心里也未必有底。但如果按驱动要素设定的指标，那其实是将驱动要素的所需达到数据分给员工，员工就能更容易找到自己这些驱动要素的数据。比如，员工 A 手头已经有了 130 个潜在客户，他的客户转化率已经超过 50%，而且其他驱动要素的数据也和标准相差不大，通过将数据代入价值公式，员工 A 就会发现，只要在某一两个驱动要素上面再稍稍努力一下，这一年业绩目标就能实现。因为看到这些驱动要素的数据，所以员工对分配的这个目标是心里很有底的，能够帮助员工建立起信心，增加对指标完成的新信任度。目标分解后，要把领导“因为相信所以看到”的领导思维，转化为“因为看到所以相信”的员工思维，最终体现到员工行动中去。

聚焦管理者的管控点

通过驱动要素的设定，销售团队的管理者就能够找到精准的管控点。本部门四个员工的 24 个驱动要素的数值一旦确定下来，该销售经理在本年度中所做的一切工作，都应该指向于这 24 个数据。凡是有助于这 24 个数据实现的，该销售经理都该努力去做；凡是跟这 24 个数据无关的事情，销售经理可以选择不做。总之，他能够严防死守这 24 个数据，他们团队的业绩目标就一定能够实现超越。

过去管理者没有具体管控点，把结果目标分配下去后，除了管控最终结果，就是管理日常性的行为和任务：你今天做什么？你明天打算做什么？但员工按照领导的期望做了这些行为，也不能保证目标的达成。因此，销售经理只有全力管控这 24 个数据，才能确保他们团队业绩完成。

团队平衡健康发展

团队中的小D工作到年中离职了，按照以前的处理方式，D的客户就会被ABC三位员工瓜分。这种做法并不利于团队的整体发展：一方面优质资源会集中到少数老员工身上，另一方面导致新员工E进来缺乏资源和政策支持，所以E将很难融入到这个队伍当中。通过驱动要素的设计，可以做到“换人不换指标”，一旦D离职了，D的客户资源可以通过“拍卖”的方式转让给其他员工，获取资源的同时，目标也需要同比增加。如果另外三位都不愿意接，则该资源可以留给新员工E，管理者重点协助E去完成下半年的偏差。如果E可以完成，可以把D上半年的部分业绩奖励给E。新员工进入团队后，则会得到客户资源，业务的业绩基础，政策三方面的支持。新员工的存活率和合格率会大大增加，这样才能保证整个团队业务的平衡、持续和稳定的发展。

结果一定超额

当销售经理紧紧围绕以上的四个员工的24个数据开展全年的工作，到了年终，当这24个数据的实际值都超过了当初制定的目标值，该销售部的销售额目标就一定能超额完成。因为这24个数据的最低值都已经达标，说明还有多个数据超过了既定的目标，驱动要素之间形成了“乘法”的数据关系，如果一个逻辑层次的三个数据分别超过目标值的20%，那销售额的结果就在原有目标的基础上提升为1.2的三次方，即1.728倍。

为什么过去解决管理问题的效果不够明显。首先，多数时候在选题的环节就出现了偏差，确定的不是“真正的问题”，而是“症状”级的假问题，即使进行了改善，也不会带来本质的提升；其次，也许能够找到了“真正的问题”，但是只是解决了单个的问题，即使该问题得以解决，结果提升的空间也不够大；最后，我们可以同时找到多个具有数学逻辑关系的“真正的问题”，团队上下目标一致，分工到人，进行整体的、系统的、持续的分析和解决，就能够带来更大的改进空间。

从定义到改进

改进的前提是分析，分析的前提是统计，统计的前提是测量，测量的前提是标准，标准的前提是定义，因此我们首先要说清楚驱动要素的名词分类。

驱动要素必须要进行定义，因为在不同人的心中，对问题的理解是不一样的。比如，“潜在客户数”这个驱动要素，什么叫潜在客户，不同人员的心中有不同的答案，小张认为所有客户都是潜在客户，小李会认为去年消费过我们产品的客户都是潜在客户，不同定义带来的标准不同，所以无法统一测量、统计和分析，因此无法形成科学的分析改进。

“有效的数据”需符合以下三点：持续性、活跃性和可比对性。如果没有统一的定义，数据无法符合“持续性”的特点，前一个月和后一个月统计的数据没有统一的定义，就不是一个维度的数据；没有统一的定义，也无法符合“活跃性”的特点，大家喜欢看数据都是希望能够看到数据背后的真相，如果数据没有统一的定义，测量出来的数据就不真实，无法反映真实的状况；如果没有统一的定义，不会满足“可比对性”的特点，不同员工、不同客户和不同团队之间，需要通过同一维度的数据进行比对分析，才能够发现问题，定义不统一，就无法进行数据比对。

定义驱动要素将采取的是 4W1H 的方法：

Who——谁是责任人？面向对象是谁？

Where——什么区域？什么业务？

When——何时？什么时间开始、完成？

What——做什么？做到什么程度？

How to Measure——测量人、测量周期、测量工具。

例如，酒店包厢的“潜在客户数”最终可能定义为：客户经理在新的一年里，经过拜访确认后的、有包厢需求的、政府企事业单位有明确联系人和联系方式的、填写进公司 CRM 系统，并经过销售部经理签字后确认的客户的数量。

三轮矩阵

前面我们完成了对驱动要素的定义，通过定义标准，我们就有了测量驱动要素的可能，统计形成驱动要素的数据库，并用以统计和分析，最终指导计划和改进。

司机有汽车仪表盘来指导驾驶，企业管理者也需要相应的管理仪表盘来指导组织策略和计划的执行，那么日常的财务报表、销售报表等报表是管理仪表盘吗？这些报表大部分描述的是事后的结果，而汽车上仪表盘显示的是实时的、过程信息，所以报表不能替代驱动要素的数据，那么每个驱动要素需要测量和收集哪些数据？正常情况下，需要测量愿景值、测量现状值和设定计划值，才能形成完整的驱动数据库。

当我们收集到所有驱动要素的愿景值、现状值和计划值后，形成了基础数据库以后，该如何去分析和使用呢？我们用三轮矩阵作为企业业绩管理仪表盘。

通过把驱动要素和对应数据放置到三轮矩阵当中，我们就得到了业绩仪表盘。业绩仪表盘有三个轮，右上轮称为愿景轮（添加愿景值），左下轮称为现状轮（添加现状值），中间称为计划轮（添加计划值）。（见图 3.1）

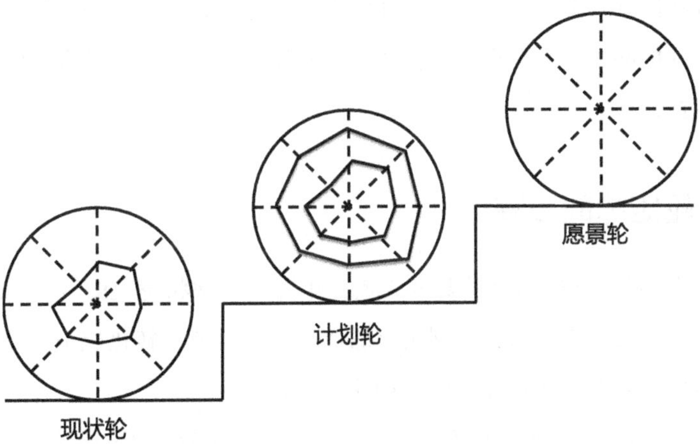

图 3.1 三轮矩阵

为什么要建立三轮矩阵？

首先，管理者在实现战略目标的过程中，既需要把握本部门“重要的事”的方向，又要尽快处理本部门“紧急的事”的解决，“重要的事”指向未来的战略偏差，“紧急的事”指向年度过程偏差，而紧急的事和重要的事之间又会形成衔接和连接，三轮矩阵体现了基于战略目标实现的闭环管理。

其次，管理者在战略目标达成中需要回答三点：是否知道并认同组织的战略（战略定位）；是否愿意陪伴这个组织走一个或多个战略周期（合作定心）；是否保证业务目标一定会完成（执行定力）。以上三点在三轮矩阵中都能找到答案。以酒店销售部为例，作为部门负责人清楚知道酒店的战略目标为 7000 万元，明确团队至少要合作三年以上，销售部凭借完成过程驱动要素的偏差，从而确保本部门能够完成 3500 万元的销售额，来支撑酒店 7000 万元的战略目标。

最后，解决问题的三大前提在三轮矩阵当中也同样有体现：

- 把别人的问题转化成自己的问题，该三轮矩阵当中的问题都是销售部自己能掌控、能解决的问题；
- 把过去的问题转化成未来的目标，过去的问题在现状轮上，未来的目标在愿景轮上，下一阶段的目标在计划轮上；
- 演绎的问题转化成事实的描述，三轮矩阵上所有的问题都可以用事实、数据说话。

绘制三轮矩阵的步骤

第 1 步　将选择好的驱动要素放置在矩阵中，现状轮上的数据是现状值，愿景轮上的数据是愿景值，计划轮上的数据是计划值，转化成 10 分制后，愿景轮上的每一个驱动要素的分值是 10 分，即满分。

第 2 步　如果驱动要素的数据为绝对值，则该驱动要素的现状值和计划值的分值计算方法是：现状值（计划值）×10/ 愿景值。

第 3 步 如果驱动要素的数据为相对值，则在计算该驱动要素的现状值和计划值的分值时，先要找到该驱动要素的历史最低值视作 0 分，然后再求得现状值和计划值的分值。

现状值计算方法是:（现状值 − 历史最低值）×10/（愿景值 − 历史最低值）

计划值计算方法是:（计划值 − 历史最低值）×10/（愿景值 − 历史最低值）;

第 4 步 在三轮中将现状轮和计划轮的各驱动要素分值进行连线，就形成了三轮矩阵图。

第 5 步 在 Excel 中可以使用雷达图来绘制三轮矩阵。

完成了组织的三轮矩阵，也就代表驱动数据库最终完成，下一阶段，我们就要运用驱动数据库来分析和解决偏差，达成绩效目标。

三轮矩阵的目标分解法（见表 3.8）

表 3.8 三轮矩阵的目标分解法

阶 段	现状值	计划值	愿景值
战略	当前年度	下一年度	战略年度
年度	当前季度	下一季度	第四季度
季度	当前月度	下一月度	第三月度
月度	当前周	下一周	第四周

三个数值的设计

先制定**愿景值**：三个数值制定的前提是责任人代表团队已经和领导或公司确定了一级问题的目标值，根据目标值来制定愿景值。而通常我们喜欢先从现状值开始，但那样做不可取，因为一方面失去了已确定目标值的引导作用，另一方面从现状值开始也容易形成基于历史经验的策略假设，不利于愿景值和计划值的扩展和实现。愿景值的确认可以由部门负责人根据自己所处的环境通过研究分析来来确定具体愿景值的多少，但多个驱动要素的愿景值计算出来的结果必须大于或等于一级问题的目标值。

举例：愿景值的设计（见表 3.9）。

表 3.9 愿景值的设计

一级问题：销售部提升销售额，从 850 万～1000 万元。			
驱动要素	**成交客户数**	**客均项目次**	**次均项目额**
A 愿景值	135 个	3 次	2.5 万元
B 愿景值	168 个	3 次	2 万元

再统计**现状值**：现状值的统计相对比较容易，因为是已经发生的事实和数据，只是在统计过程中需要注意以下几点。

- 数值分为两种，累计值和平均值，年度的初始值通常设置为零，除非某些业务是上一年度已经确认并转化为本年度业绩的业务可以作为本年度的初始值。
- 驱动要素的现状值经过计算后指向的结果为二级问题的现状值。
- 如果现状实际值小于现状目标值，则偏差部分需带到下一阶段。

最后计算**计划值**：一旦愿景值和现状值确认后，计划值可以通过计算公式来确认，其中重点需要关注的是设计驱动要素的松紧度权重。松紧度权重是表达每个驱动要素在相应的周期内完成的紧急程度的标准，从而在愿景值达成的前提下，能够保证一级问题达成。与松紧度权重不同的是，重要度权重是为了在多个要素中表达哪几个要素更加重要，所以会将 100% 分配给不同的要素，多个要素的权重之和等于 100%。紧急度权重是以 1 为标准上下波动，开始的要素大于 1 的为先紧后松的要素，开始的要素小于 1 的为先松后紧的要素，N 个要素的权重之和 =N。

举例：销售额的年度松紧度的分解（见表 3.10）。

表 3.10 年度松紧度的分解

驱动要素	业务特点	紧急度权重			
		Q1	Q2	Q3	Q4
成交客户数	客户每个项目的成交周期为两个月左右，“客均项目次”的行业平均值为 3 次	2.0	1.2	0.6	0.2
客均项目次		0.4	0.8	1.2	1.6
次均项目额		0.8	0.9	1.1	1.2

计算计划值的公式：

（愿景值 − 现状值）/ 剩下的时间段数 × 松紧度权重 + 现状值

举例：计算“销售额”第二季度驱动要素的计划值（见表 3.11）。

表 3.11 驱动要素的计划值计算

驱动要素	Q1 现状值	Q2 计划值	Q4 愿景值
成交客户数	70 个	(135–70)/3 × 1.2+70=114（个）	135 个
客均项目次	0.3 次	(3–0.3)/3 × 0.8+0.3=1.02（次）	3 次
次均项目额	2.2 万	(2.5–2.2)/3 × 0.9+2.2=2.29（万）	2.5 万

确定关键二级问题：部门和岗位都将在每个周期中对驱动要素的二级问题进行过程监控和识别，寻找关键二级问题的周期通常为月度或周，部门按照“月度”来确定关键二级问题，岗位按照“周”来确定关键二级问题，实际值小于计划值的二级问题即为关键二级问题，将成为该部门或岗位下一阶段重点解决的二级问题。

设计年度目标和预算

年度目标和预算的误区

在每一年的年度目标分解中，通常是企业高层根据战略目标转化为年度经营目标，再层层分解，每一层级为了确保完成年度目标，往往会层层加价向下压，在分解过程中往往会面临各层级的阻力和抗拒，但最终都会通过多次的沟通和妥协，大家达成共识，但这种共识会随着时间的推移，共识的难度会越来越大。

下级最后不得不接受了上级下压的指标，但心里并不完全认同，他们会认为指标越来越不靠谱，虽然表面接受了指标，但内心会有声音告诉他们：我可以接受指标，但我不保证能够完成，因为领导你的决策是不对的，我将会用未来一年的时间来证明你是不对的。当下级普遍具有了这种认知后，目标达不成也将理所当然，目标和指标分解的严肃性也面临着巨大的挑战。

关键不仅是目标越来越难以达成共识，还有目标达成的难度也是越来越大。目标通常是从上往下分解的，而预算是从下往上申请的，所以先有“目标”再有“预算”，对于各部门来说，在计划推进过程中先要“投入”，再会产生“结果”，由此产生了让很多管理者感到尴尬的局面：目标已经签订，预算也已下发，该投入的全部投入了，但期待的结果却遥遥无期。于是向领导申请对目标和预算进行调整，通常领导会坚持目标但支持预算增加，但是下一阶段结束后，又会出现“昨日重现”的局面：即钱还是花掉了，但目标还是没有达成。

突破习惯性思维：计划与策略的衔接

什么原因导致这种状况在很多企业反复发生，因为“目标”和“预算”分割思考了，两者之间需要有“问题”、“策略”和“计划”进行衔接。

假如需要给一个身高为175cm的男生确定一个摸高的目标，我们通常给他定多少目标呢？多数答案为2.3～2.8米，因为人在确定目标时很容易进入“现状导向”的思考模式，基本思考过程是这样的：身高175cm的男生加上举手的高度为2.1米左右，在努力跳一跳，跳得低的人能摸到2.3米，跳得高的人能够摸到2.8米，这个思考过程在不知不觉中掉进了“自我策略假设”的陷阱，好像摸高只能用“跳一跳”的方法，这是习惯性思维导致的。

要想打破这种习惯性思维，比较可行的方法是用高挑战的目标来打破这种

“习惯思维的舒适区”，比如我们一下子将目标高度定为 5 米高，大家再也不会思考“习惯跳一跳”的策略，因为人类在地球上已经无法做到了。于是更多的策略假设也随之而来，如用梯子、搭人梯、吊车、蹦床、撑杆跳等，从中选择最优的“梯子”的策略后，会进行哪几步才能真正摸到 5 米高的目标呢？第一步，借梯子；第二步，请人帮忙；第三步，对来人进行分工和培训；第四步，实施摸高；第五步，欢送人员；第六步，还梯子。这六步就是“计划”，六步中哪几步需要花钱呢？很显然是“借梯子”和“请人帮忙”两步，这就是“预算”。

从目标到预算的基本关系如表 3.12 所示。

表 3.12　从目标到预算

<table>
<tr><th>目　标</th><th>问　题</th><th>策　略</th><th>计　划</th><th>预　算</th></tr>
<tr><td rowspan="6">摸高 5 米</td><td rowspan="6">提高摸高的高度，从 2.8 米到 5.0 米</td><td rowspan="6">用梯子的方法</td><td>1. 借梯子</td><td>100 元</td></tr>
<tr><td>2. 请人帮忙</td><td>300 元</td></tr>
<tr><td>3. 对来人进行分工和培训</td><td></td></tr>
<tr><td>4. 实施摸高</td><td></td></tr>
<tr><td>5. 欢送人员</td><td></td></tr>
<tr><td>6. 还梯子</td><td></td></tr>
</table>

因此，在制定年度目标和预算过程中，各部门应该是本部门的主导者，不能仅仅依靠人力资源或财务部门，他们只能够协助，不能代替本部门进行年度目标和预算的制定，因为过程中的问题分析、策略设计和关键计划都需要本部门团队调研、讨论、验证后才能确定。

第4章

三级问题P3：界定关键活动

三级问题的定义：在实现过程驱动指标中的关键活动或动作的偏差。

一个人的才能，只有通过有条理、有系统的工作，才有可能产生效益。

——《卓有成效的管理者》彼得·德鲁克

有一则寓言故事。一群老鼠开会，研究怎样应对猫的袭击。一只被认为聪明的老鼠提出，给猫的脖子上挂一个铃铛。这样，猫行走的时候，铃铛就会响，听到铃声的老鼠不就可以及时跑掉了吗？大家都公认这是一个好主意。可是，由谁去给猫挂铃铛呢？这个问题一提出，老鼠们都哑口无言了。

组织的业绩最终是“做”出来的。业绩好，说明过程中的动作完整、持续、准确、到位；业绩不够好，同样是动作不完整、不持续、不准确、不到位，因此我们还是要从动作的角度出发来研究业绩产生的过程。“谁去给猫挂铃铛”的故事不仅是一则寓言故事，还告诉我们一个简单的道理：目标制定得再好，如果没有可执行的“动作”的支撑，目标就会沦落为“美好的愿望”。

在本章中，我们围绕设计动作的六个步骤、动作分解的四个原则、动作的应用等方面展开讨论。

绩效是“做”出来的

一个组织要想基业长青、持续性发展，所有的经营和管理活动都是围绕着业绩的发展而展开，因此在宏大的战略规划也需要通过一个个具体的动作来执行落地，并达到预期的目标，正所谓“千里之行，始于足下”。不同职能的部门，都需要通过具体的动作来贡献其价值而实现组织的经营和战略目标。

在 GPS-IE 管理改进系统™中，“动作”是部门交付生意价值的最小单位，是二级问题解决过程中不可缺失的控制点。

各部门确定了基于战略的结果性的一级问题之后，再通过驱动公式的分解，找到了基于年度经营目标的二级问题，并且对二级问题的数据进行了系统的分解，接下来，管理者关注的是每个月的月度工作中，每一个二级问题能够按时保质保量地完成。为了确保每一个二级问题的完成，就要对每一个二级问题进行动作分解，形成三级问题，并且将三级问题分解到每一个责任人的头上，加强过程管控，确保二级问题的完成，从而支撑一级问题的实现。

到了这一步，企业的高层、中层和基层才能打通“从战略到执行”的路径，高层做正确的事，明确了企业的业务战略和价值观；中层正确地做事，关注一级问题、二级问题的识别、分析和解决；基层把事情做正确，关注三级问题的具体动作。企业各层级形成了上下一致、逐级支撑、共同驱动的绩效系统，大幅提升了组织的反应速度和作战能力，再给予三级问题的动作作为绩效评价的关键节点，与企业的激励系统结合起来，就能够极大的释放内外部员工和合作伙伴的潜能，促进组织业绩的发展。

什么是支撑驱动要素达成的动作？如何找到各个生意中不同驱动要素的动作？这些动作和流程、工序存在着哪些方面的不同？接下来我们开始进入动作层面的分析。

动作的定义

动作（Action）是支撑每一个驱动要素的价值实现的结果性活动描述。动作具有以下四个特点。

相互独立：动作需要有明确的责任主体，且需要在不同场景下完成的独立的动作，比如“分析客户”和“筛选客户”就不是独立的动作，因为可以表达为“分析并筛选客户”，需要合并为一个动作；再比如“预约客户”和“拜访客户”

也不是一个独立的动作,因为“预约客户”包含在“拜访客户”这个动作里边。

客户导向：每个动作都需要和驱动要素的价值对象即客户有关，通常，大家更愿意表达“我将……”“我要……”的格式，这些都在表达自己想做什么，却容易忽略动作的对象希望达成什么，因此，每一个动作都尽量站在客户的角度考虑，形成客户导向的价值。

结果导向：动作均需要看到“结果”，而不仅仅是“手段”，很多人在工作中喜欢沉迷于自己喜欢做的事情，却不去思考事情应该达成的结果，导致做了大量的事情，却总是达不到个人和组织期望的结果，最后抱怨没有功劳还有苦劳，没有苦劳还有疲劳，其实“苦劳”和“疲劳”都是“徒劳”，只有带来预期的结果化的“功劳”，才是对个人和组织有意义的。

数据逻辑：只有连贯的动作才能最高效的带来结果，工作中最忌讳的是分散且混乱的动作，东一榔头西一棒，既劳神又低效。管理中连贯的动作就是指有数据逻辑关系的动作，因此，我们将具有数据逻辑关系的动作称为“增值动作”，不具有数据逻辑关系的动作称为“非增值动作”。

动作的价值

动作是提升或增加驱动要素价值过程当中一个里程碑的成果。每个动作成果的实现最终构成驱动要素成果，乃至达成经营或管理目标的达成，是持续改进中最基础的数据测量单元。

一个人的身体是否健康，可以考察他的身体各个肢体是否能够协调做出流畅的动作来。一个组织也是一样，所谓“大企业病”，就是指那些规模已经比较庞大，但企业开始形成反应迟钝、动作缓慢、协同不力的现象。“低级爬行动物”式的企业就会发生这样的症状，在外部环境比较平和的情况下，还能够依靠自身的规模和实力取得很好的生活状态，但一旦外部环境突然发生变化，该企业就难以做出快速、简单且准确的动作来应对环境的变化，因而开始走向萧条和溃败的境地。

企业的反应速度表现在一个个生意的动作上，比如有些银行提供投资类的业务服务，但是客户的报告提供上来要通过风险控制部门的审批，有时候需要等上两个多月，而竞争对手遇到同样的情况，只需要半个月不到就能够给予反馈，竞争对手的快速反应，一定能够获得更多客户的认可与支持。

动作的改进

动作是创造过程价值的基础部分，因此每个动作的数据提升将直接支撑驱动要素成果的输出，因此动作改进是管理改进的关键节点，通过找到影响绩效结果的关键过程动作，通过进一步探索关键动作改进的策略，来支撑结果绩效的达成。

经常保持动作的灵活和机动，是企业长期保持活力的关键，当将问题界定到动作的层面，我们会更加可控、可操作地对动作进行改进。当“增值的动作”得到越来越大的强化，而“非增值的动作”越来越被优化和简化，组织的效率就会得到大幅度的提升。

动作的分类

根据动作中实现价值路径和对象的不同，动作可以分为“管理类动作”和“业务类动作”两种。业务类动作是指直接和动作对象发生价值关系即能够带来结果的动作，管理类动作是指仅仅和动作对象互动还带来不了结果，而要通过动作对象来影响第三方才能够带来结果的动作。

管理类动作分解通常从评估开始，再到评估结束，遵循“评估—意愿—执行—评估”的分解逻辑，如“提升合格的员工数”二级问题的分解，就可以分解为：① 评估不合格的员工数；② 推动愿意改进的员工数；③ 推进改进执行的员工数；④ 评估合格的员工数。

业务动作分解遵循业务实现的过程工序，通常具有“时间先后”的逻辑关系，如“提高潜在客户数”二级问题的分解，可以分解为：① 获得客户的信息数；② 分析符合标准的客户数；③ 有效接触的客户数；④ 获得认可的客户数；⑤ 有效登记的客户数。

建立三级问题的步骤

三级问题是提升或增加驱动要素结果的活动或动作的偏差。在三轮矩阵上设定了愿景值、现状值和计划值之后，会找到各个驱动要素的现状值和计划值之间的偏差，即二级问题。分析能够提升或增加二级问题的偏差的动作，通过测量数据之后进行对比，找出每个动作的偏差，即被称作三级问题，最后找到偏差最大的三级问题作为二级问题改进中的关键动作。

从找出二级问题至确定关键动作的三级问题一共有六步（见表 4.1 和图 4.1）。

表 4.1 建立三级问题的步骤

步 骤	内 容	说 明
步骤一	描述二级问题	实际值小于计划值的二级问题
步骤二	寻找关键词	关键名词和关键动词
步骤三	名词分类	通过客户、产品、时间、空间四维度分析
步骤四	动作分解	找到结果导向、数据逻辑关系的动作
步骤五	验证历史数据	测量历史数据
步骤六	确定关键三级问题	找到转化率低或增值空间大的动作

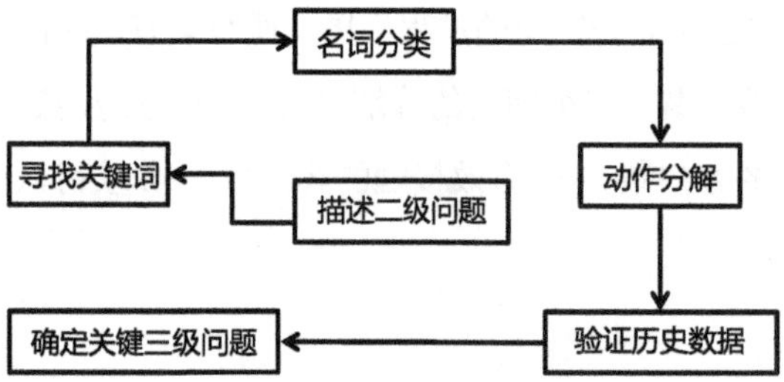

图 4.1　建立三级问题的步骤

步骤一：描述二级问题

二级问题的结构是主语 + 谓语 + 宾语 + 补语。

主语就是责任主体的部门或岗位，比如销售部、生产部、设计部、人力资源部、培训部；

谓语就是提升效率或效益的动词，比如增加、提升、提高等；

宾语就是驱动要素，比如潜在客户数、老客户转介新客户数、厅前人流量、合格员工数、成交转化率、渠道平均收入等；

补语就是数量词，比如（潜在客户数）从 2018 年 1 月的 100 家提升到 2018 年 12 月的 300 家、（成交转化率）从 2018 年 8 月的 20% 提升到 2018 年 12 月的 40%、（合格员工数）从 2018 年 1 月的 10 人提升到 2018 年 12 月的 15 人。

销售部将提升会议潜在客户的数量，从 2018 年 1 月的 200 家提升至 2018 年 12 月的 300 家。

主语：销售部

谓语：提升

宾语：会议潜在客户的数量

补语：从 2018 年 1 月的 200 家提升至 2018 年 12 月的 300 家

步骤二：寻找关键词

寻找关键词就是找到二级问题当中的谓语（动词）和宾语（名词）。

根据步骤一的例子，寻找关键词如下。

谓语（动词）：提升

宾语（名词）：会议潜在客户数

步骤三：名词分类

名词分类就是通过二维分析法对问题的名词进行分析，横坐标是客户、产品、时间和空间四个维度，纵坐标就是二级问题的名词。通过名词分析，可以清楚地看到驱动要素的瓶颈和短板在何处，能够通过研讨找出更加精准的需要改进的问题点。

“客户”维度的分类

客户即本部门“产品”销售或服务的对象，通常按照对象类型、规模、体制、新老等角度来分类。比如酒店的“会议潜在客户”可以分为政府、事业、企业以及家庭等客户（见图 4.2）。

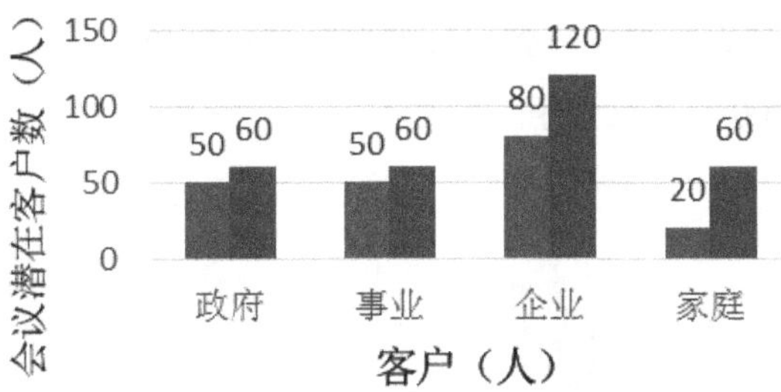

图 4.2 酒店的“会议潜在客户”分类

客户的分类方式还有以下几种。

按年龄：2010、2000、1990、1980、1970、1960、1950、1940 等年代的客户，或学龄前儿童、学龄儿童、青少年、20 ~ 40 岁的年轻人、40 ~ 60 岁的中年

成年人、60 岁及以上的老年人等。

按学历：高中以下、高中（中专）、大专、本科、硕士、博士等。

按工作：自由工作者、白领、企业高管、个体经营者、企业经营者、公务员等；

按区域：本地客户、外地客户，国内客户、亚洲客户、非洲客户、欧洲客户、美洲客户、大洋洲客户等。

从组织内部来看，还有内部客户，比如人力资源部的客户包括公司领导层、业务和职能部门的负责人、公司员工等。市场部的客户是销售部、各经营区域、代理商等。

“产品”维度的分类

企业中“一切均生意”的原则，关于生意有两个方面的解释：一是每个部门都有自己独立创造的产品和价值；二是“生命的意义”，每个人在组织中有自己的使命，不断地践行并实现这个使命，为组织、部门、家庭、个人和社会创造价值。

因此，每个部门都有自己职能性的产品，销售部门的产品是“销售方案”，培训部门的产品是“合格的员工”，质量管理部的产品是“隐患和事故清单”，融资部的产品是“低利率的资金”等。在名词分类中，各部门可以根据不同的产品维度来进行分析。

酒店会议室的大小以容纳会议人数进行分类，如 30 人会议室、80 人会议室、150 人会议室、200 人会议室等（见图 4.3）。

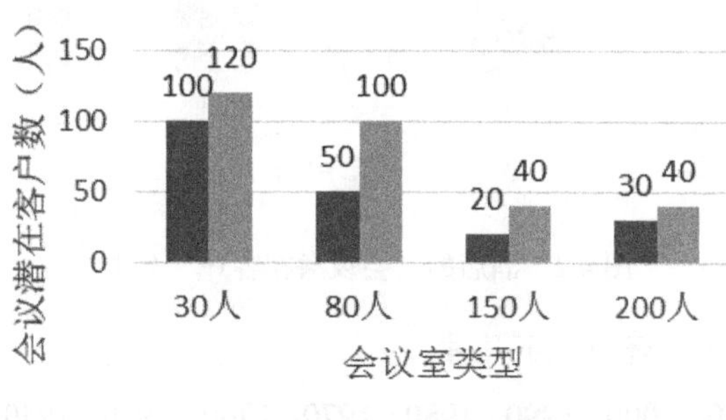

图 4.3　酒店会议室及容纳会议人数分类

通信运营商的产品有移动通信、宽带、固话等；

重型设备企业有液压挖掘机、推土机、装载机、盾构机等。

“时间”维度的分类

每个二级问题的名词都有其时间的维度，时间可以从统计周期、消费时间、客户消费特征等维度分类。

按年度分：一月、二月、三月至十二月或一季度、二季度、三季度、四季度（见图 4.4）或上半年、下半年等。

按消费时间：消费周期 1 个月、3 个月、6 个月、1 年、2 年、3 年等。

客户消费特征：周末、工作工作日或上半个月、下半个月等或春夏、秋冬季等。

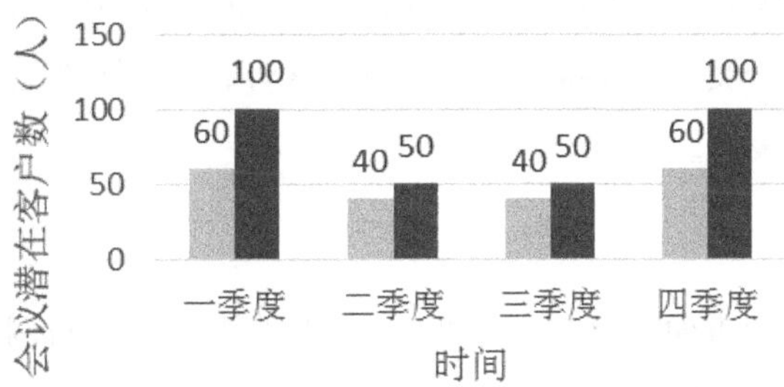

图 4.4　酒店会议潜在客户数按时间维度分类

“空间”维度的分类

每个二级问题也都有其空间分类的维度，空间是从地理位置进行分类（见图 4.5）。

华中、华东、华南、华北等；

各个省份或直辖市等；

广州、上海各个区进行细分；

本地客户、外地客户；

国内客户、国外客户；

公司总部员工、外派员工等。

……

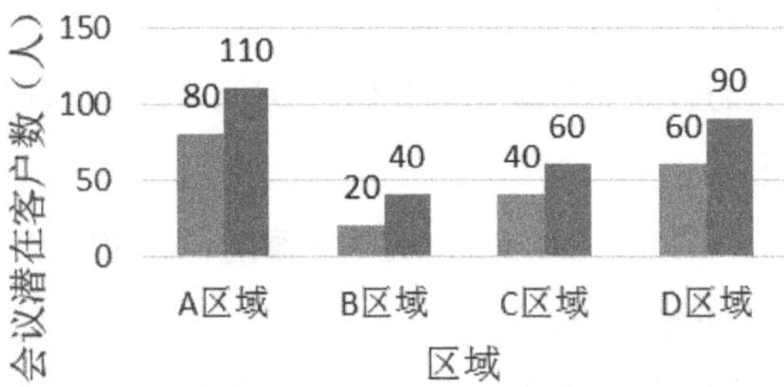

图 4.5　会议潜在客户数按空间维度分类

总之，名词分类从客户、产品、时间和空间四个维度展开，是根据实际情况进行分类，各项分类的数据包括现状值和目标值（计划值）的数据。

通过以上的分类，可以帮助后面对每个驱动要素进行详细的研讨，更加有利后面的行动和改进。

网格化分类

通过以上四个方面的分类，可以将二级问题的名词进行网格化分类管理，从而更加有效地理解精准的名词（见表 4.2）。

表 4.2　网格化分类

		T1			T2			T3			T4		
		P1	P2	P3	P1	P2	P3	P1	P2	P3	P1	P2	P3
A1	C1												
	C2												
	C3												
A2	C1												
	C2												
	C3												

续表

		T1			T2			T3			T4		
		P1	P2	P3	P1	P2	P3	P1	P2	P3	P1	P2	P3
A3	C1												
	C2												
	C3												
A4	C1												
	C2												
	C3												

通过客户（C）、产品（P）、时间（T）和区域（A）四个要素在一张表上交叉呈现，能够对二级问题的名词进行系统的分析，从而能够更加精准地聚集问题。

步骤四：动作分解

动作分解是通过如何提升或增加驱动要素的动作研讨出来。比如，提升会议潜在客户数的动作包括收集信息、符合标准、有效接触、获得认可和有效登记。

从二级问题转化为三级问题的过程中，动作分解既是重点，也是难点，需要通过四个步骤来进行。

第一步：确定动作双方

李小龙的截拳道

李小龙是华人的杰出代表，他将武术提升到了武学的高度，在特定的历史环境下大大提升了中国人在世界的形象和地位，他发明了“截拳道”(Jeet Kune Do)。“截”代表防守，“拳”代表进攻。截拳道的特点是“唯快不破”，快这个特点的背后原理是“直线距离最短”，因此截拳道的主要动作都是直线。当李小龙一个人面对 8 个高手进行对决的时候，他是一次性把对方放倒还是依次把对方放倒？答案当然是依次。如果用摄像机把李小龙和 8 个高手对决的过程记录下来，然后放慢镜头，在每一秒当中，李小龙始终保持面对的是一个人。他要对 8 个高手进行瞬间排序，首先要对付谁，然后再对付谁。不管现场多么混乱，在李小龙看来，他每次面对的是 1 个人，因此始终保持他的最佳优势。

管理也是一样的，看起来很复杂，我们要面对领导、员工、客户、供应商、合作伙伴等。但在任何一个场景中，你面对的其实是一个人，要解决的也是一个问题。所以解决每一个驱动性的二级问题，本质上都是两个人之间的对话。

基于动作双方的不同，我们将动作分为两类：管理动作和业务动作。管理动作是指该问题的解决过程中，在互动人愿意解决问题的前提下，还需要关联人的动作实现才能够真正解决该问题。管理动作的表达方式是 A—B—C，业务动作是指互动人自己就能够确定该问题的解决，不需要通过关联人的动作实现。业务动作的表达方式是 A—B，其中 A 是问题的责任人，B 是问题的互动人，C 是问题解决的关联人。

一家制药企业重点经营处方类药，所以医院的医生是他们销售的主渠道，他们要解决的一个二级问题为提升更多使用他们药品的患者数，该问题的表达方式有如下两种：

a. 提升医生的患者数；

b. 提升患者数达标的医生数。

正确的表达方式应该是 b，因为医药代表的动作对象是医生，医生的动作对象是患者，所以这是一个典型的 A—B—C 的管理类动作。

人力资源部的招聘专员小王需要围绕公司的年度经营目标，为业务部门招聘合格员工100人，她需要解决的关键问题为招聘渠道数、渠道平均简历数、合格的甄选官人数、人均面试数等（见表4.3）。

表4.3　人力资源部招聘专员的动作分解

驱动要素	动作类型	动作双方
1 招聘渠道数	业务动作	小王—渠道负责人
2 渠道平均简历数	管理动作	小王—渠道专员—应聘人
3 合格的甄选官人数	业务动作	小王—潜在甄选官
4 人均面试数	管理动作	小王—甄选官—应聘人

该案例中，如果小王只重视与渠道负责人之间的动作对话，虽然她能够建立满足公司招聘工作需要的渠道数，但不一定能够获得满足公司招聘工作需要的简历数，因为简历数这个问题的动作对象不再是渠道的负责人，而是渠道专员（是渠道负责人的下级）。这就是俗语中常说的“县官不如现管”的道理。

所以解决不同问题，面对的将是不同的对象。管理的过程看似复杂，如果能够把握好这个原则，就能够区分不同问题的不同对象，从而保证在每一个时间点上精准地面对一个问题和一个对象，这样才能忙而不乱、忙而有序、各个击破。

第二步：界定量化点

没有统一的计量单位，就没有逻辑关系。与流程分解相比较，动作分解的重要特点是结果导向和数据逻辑关系，建立数据逻辑关系就要从统一动作的计量单位即量化点开始。

二级问题通常分为两类：第一类是绝对值的二级问题，如合格的员工数、合格的客户数、次均额、客户合作数等。第二类是相对值的二级问题，如成交转化率、培训合格率、合作率等。

绝对值二级问题的驱动要素的表达方式为“名词＋量词”，如“员工数”是“员工＋数”、“需求次”是“需求＋次”、“消费额”是“消费＋额”，量化点为名词，即员工数、需求次、消费额三个驱动要素的量化点分别为员工、需求、消费。

相对值通常由分子和分母构成，比如成交转化率 = 成交客户数 / 需求客户数、培训合格率 = 培训合格的员工数 / 参加培训的员工数、合作率 = 确定合作的客户数 / 潜在合作的客户数，动作分解关注的是分母，分母同样被转化成了绝对值，可以参考绝对值二级问题的量化原则。

第三步：选择分解工具

动作分解的工具有漏斗模型和鱼骨图两种，绝对值的二级问题采用漏斗模型，相对值的二级问题采用鱼骨图。

漏斗模型

漏斗模型早期多用于销售，称为“销售漏斗”，后来成为广泛用于管理过程的工具。例如，漏斗的顶部是有购买需求的潜在用户，漏斗的中部是有购买本企业产品意向的潜在用户，漏斗的下部是基本上确定购买本企业的产品的用户，漏斗的底部就是成交的用户。以上四个方面在转化过程中分别有相应的比例，从而形成了层层转化的漏斗形状，用来判断哪个环节是关键的环节。

在分解绝对值的二级问题过程中，起始动作从漏斗的顶部输入，一直到终点动作为漏斗的底部输出，中间还会经历多个动作。分解的过程通常是根据二级问题实现的基本工序和流程，结合漏斗原理进行动作分解。

潜在客户数从 200 个到 300 个

“潜在客户数”的分解是围绕“潜在客户”获取的过程展开，起始动作为“收集信息”，终点动作为“有效登记”，按照时间逻辑，大家通常认为中间还会有三个动作：分析资料、拜访客户、制订方案。但是这三个动作表现的均是手段，而不是目的，经过修正，三个动作修改为：符合标准、有效接触、获得认可。管理者在解决“潜在客户数”这一问题过程中，需要调整对员工的管控点（见图 4.6）。

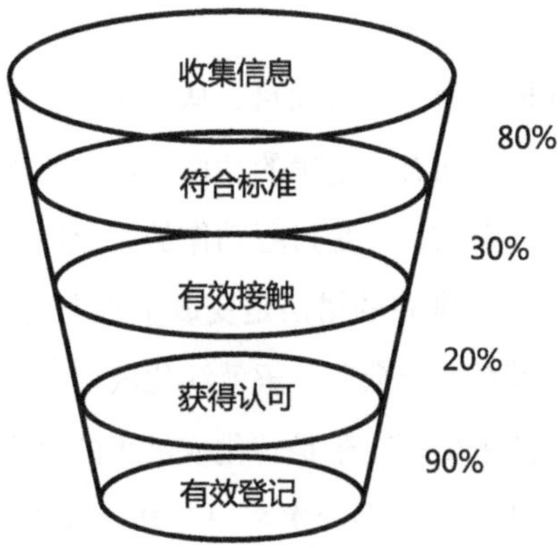

图 4.6　漏斗模型

鱼骨图

鱼骨图原是一种分析问题“根本原因”的方法，因看上去有些像鱼骨而得名。在动作分解中，针对“相对性”问题，我们也可以用鱼骨图的方式来进行。

成交转化率从 30% 到 40%

销售中成交转化率通常是一个重要的指标，假设“成交转化率”为 30%，即 100 个潜在客户中将会成交 30 个客户，还有 70 个没有成交，接下来我们需要更加关心没有成交的 70 个客户都是在哪些环节流失的，这个分析过程即可以用鱼骨图来呈现（见图 4.7）。

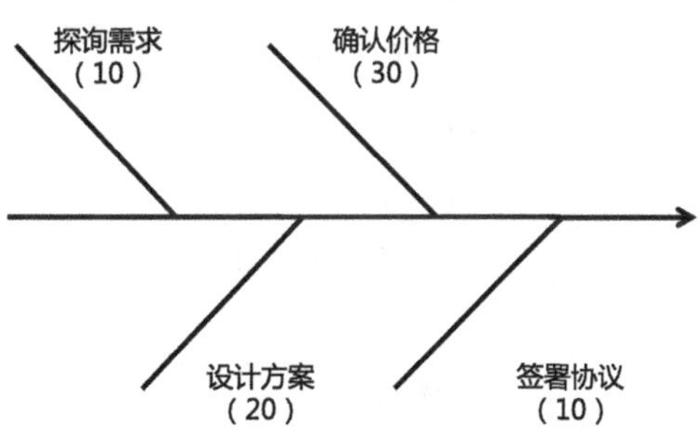

图 4.7　鱼骨图

第四步：确定里程碑

奥运会中跳水是我们国家的优势项目，从跳水的角度，跳水的起点动作是起跳，终点动作是入水，中间有一连串的动作，裁判员根据两个维度来进行评分，一是过程动作的难度系数，二是过程动作的完成质量。

在进行动作分解时，经常犯的错误是变成主观上需要完成的任务或流程，比如第三步中提及的“潜在客户数”分解就演化成“我们要分析资料”、“我们要拜访客户”、“我们要制订方案”，于是转化成员工的个人任务目标就成了“我将分析多少份资料”、“我将拜访多少次客户”和“我将制作多少个方案”，当这些任务全部完成之后，员工能够保证带来的结果是什么呢？最后发现，该做的事情全部做了，但是还是没有达到期望的目标，就是忽略了动作中“手段”与“目的”之间的关系。

目的符合结果导向的原则，能够看到需要的产出，从管控的角度，目的是相对稳定的，而手段是达成目的的过程支持，为了达成目的，手段可以根据环境和对象的变化而创新。

某通信运营商的一个重要市场是学校，每年都要在学校市场上与竞争对手展开激烈的竞争，需要解决的二级问题是“提升校园客户数，从××到××”，他们通常是采用到学校摆摊的方式来开发学生客户，这样的二级问题应该如何进行动作分解呢？（见表 4.4）

表 4.4　“提升校园客户数”动作分解

手　段	目　的	管控点
1 制订计划	到学校宣传活动	活动知晓数
2 安排预算	现场组织学生到场	有效到场率
3 组织人员	推动学生发生接触	有效接触率
4 现场活动	成交转化	成交转化率
5 总结评估	成功转介绍	转介绍率

在实际工作中，多数团队是按照“手段”的五个动作开展学校推广活动的，

看似挺正常的，但是每次活动都无法对结果进行预测，难以对过程进行把控。运气好能够取得不错的成绩，但是说不清楚为什么取得这么好的成绩。运气不好时成绩很糟糕，也同样说不清楚为什么这么糟糕，于是开始抱怨天气、抱怨学校不配合、抱怨竞争对手不要脸等，这对业绩的提升和改进是没有什么积极的意义的。

如果按照“目的”的五个动作来进行，就能够每天对动作的过程进行测量和统计，当天晚上负责人可以进行分析，如果当天的“到场率”不高，第二天就可以围绕“到场率”这个动作进行策略的改进。例如，一家公司在本年度组织了 20 个团队分别开展了 10 次校园推广活动，一个推广季下来就能够收集 200 份动作数据表格，这份资料对于第二年举办同样的活动就产生了非常重要的意义，因为第二年参与活动的人员可能都发生了变化，但他们可以通过该数据提前了解到各个学校的特点，从而在公司统一推广政策的基础上，制订个性化的方案。

步骤五：验证历史数据

确定了二级问题的动作之后，就要对动作进行历史数据的验证，目的是为了找到关键动作。

因为动作之间具有数据的逻辑关系，所以动作之间可以测量出数据的转化，从而找到转化率较低的动作，再重新设定目标，通过达成新的动作目标，来支撑二级问题的解决。

销售部将提升潜在客户数，从 100 个到 200 个（见表 4.5）。

表 4.5 销售部“提升潜在客户数”验证历史数据

	1 收集信息	2 符合标准	3 有效接触	4 获得认可	5 有效登记	结果
历史数据	100 个	80%	30%	20%	95%	=4.5
重设目标	200 个	(80%)	40%	30%	(95%)	=18.2

步骤六：确定关键三级问题

通过对各个动作的数据测量，得出现状值与目标（计划值）偏差，即得出三级问题，找出偏差最大的一个或多个动作，该动作就成为需要改进的关键动作。

提升会议潜在客户数的动作数据偏差最大的是获取承诺（历史数据为30%），那么获取承诺即成为关键动作或叫做“关键三级问题”。

根据重设后的目标，可以描述三级问题如下：

- 销售部将增加收集有效的信息数量，从 100 个到 200 个；
- 销售部将提升有效接触转化率，从 30% 到 40%；
- 销售将提升客户对方案的认可转化率，从 20% 到 30%；

如果这三个关键三级问题得以解决，将会带来什么样的结果呢？按照历史的数据，输入 100 个信息，经过 5 个动作的转化，最终形成有效登记的潜在客户数为 4.5 个，而按照重设目标后的三级问题解决后，获得的有效登记的潜在客户数将成为 18 个，整整提升了 4 倍！

这才解决了“销售额”的 6 个二级问题之一（见表 4.5）。其他 5 个二级问题也可以按照这个过程进行分析并解决，同样也能够获得较大幅度的增长，由于驱动要素之间是乘法的逻辑关系，所以结果将形成几何级的增长！

基于经验的排序

在实际工作中，到了动作层面往往面临较大的难点是数据的采集，因为对于多数企业来说，组织成熟度远远达不到支撑三级问题数据采集的程度，组织也没有必要将所有的一级问题全部分解成二级问题，然后将所有的二级问题全部分解成三级问题，并且对所有的三级问题全部进行历史数据的测量和验证，那将会是一个非常庞大的工程体系。因此我们建议可以将三级问题的数据采集作为解决某些二级问题的过程。对于少量的三级问题进行短期的测量和验证，还是比较的可行的。

如果短期测量也来不及，同时团队又希望尽快地获取关键三级问题的答案，可以采用基于经验的排序法来确定关键三级问题，按照以下步骤进行。

第一步，描述二级问题，如“销售部将提升潜在客户数，从150个到200个”；

第二步，确定三级问题的动作；

第三步，选择对该问题的解决具有资深经验的员工8 ~ 10位；

第四步，请他们对几个动作按照重要程度进行强行排序（见表4.6）；

第五步，将排序的结果汇总，总分前两位的动作即成为关键动作；

第六步，在解决三级问题过程中再采集验证数据的真实性。

表4.6 经验排序表

驱动要素＼员工	A	B	C	D	E	F	G	汇总
1 收集信息	2	1	2	3	2	2	1	13
2 符合标准	3	3	5	2	5	3	4	25
3 有效接触	4	5	4	5	4	5	5	32
4 获得认可	5	4	3	4	3	4	3	26
5 有效登记	1	2	1	1	1	1	2	9

关键动作的数据分解

通过动作分解的数据可以形成部门级的动作指标、部门级的动作目标和岗位级的动作目标，为下一阶段策略与计划的推动搭建数据基础。

部门级的动作指标

部门级的管理者既要对二级问题的数据负责，也要对三级问题的转化数据负责，从而才能既知道“做正确的事”，又保证“正确地做事”。通过三级问题的数据转化和目标重设，将确定部门级的动作指标。

围绕“潜在客户数”的二级问题，销售部动作指标如表 4.7 所示。

表 4.7　部门级的动作指标

部门级动作指标	1 收集信息	2 符合标准	3 有效接触	4 获得认可	5 有效登记
	200 个	80%	40%	30%	95%

部门级的动作目标

根据部门级的动作指标，再结合阶段性的二级问题的现状值和目标值的偏差，可以计算出部门级的动作目标。

销售部将提升潜在客户数，从 150 个到 200 个，其中偏差为 50 个，如表 4.8 所示。

表 4.8　部门级的动作目标

部门级动作目标	1 收集信息	2 符合标准	3 有效接触	4 获得认可	5 有效登记
	554 个	442 个	177 个	53 个	50 个

岗位级的动作目标

根据部门级的动作目标，再结合员工人数和资源现状，将部门级的动作目标分解给各个员工，成为他们下一阶段工作的动作目标（见表 4.9）。

表 4.9　岗位级的动作目标

岗位级动作目标	1 收集信息	2 符合标准	3 有效接触	4 获得认可	5 有效登记
	554 个	442 个	177 个	53 个	50 个
A 员工	230	184	74	23	22
B 员工	139	111	45	13	12
C 员工	110	85	34	11	10
D 员工	90	72	29	9	7

注：实际工作中，为了保证目标的完成，管理者在分解目标时，每个员工的目标加总后超过管理者设定的目标数。

关键动作责任人

基于"一切均生意"的核心原则，生意最重要的是能够说清楚责任边界，只有说清楚责任边界，才能够"先小人，后君子"，否则在生意过程中，事先说不清楚责任，等事后再来商定规矩，常常把简单的问题复杂化。

销售部经理的管理的生意是要为组织培养更多合格的业务人员，从而支撑企业未来的销售团队的业绩。但是培养新人的过程充满着艰辛，很多新员工一没有资源，二没有能力，于是有些销售经理为了培养新人，会将自己的老客户分配给新员工来负责；但是新员工无法全程服务客户，经常麻烦经理协同拜访、推进，一旦给客户成交或者续约，就会产生该业务的业绩提成，员工应该获取多少比例的提成呢？从新员工的角度来说，经理将这个客户交给了他，他自然会认为所有提成都应该归他所有；从经理的角度来说，他会认为客户虽然交给了新员工，但业务还是主要靠经理拿下的，如果提成全部给了新员工，他会担心其他员工会觉得不公平，这样的纠结对于很多销售管理者来说，都曾经碰到。

通过关键动作的分解和评估，可以有效地解决这样的麻烦。前文中说过，跳水中裁判员会根据运动员跳水中的动作的难度系数和完成质量打分；同样在解决二级问题过程中，也可以根据二级问题中动作的难度系数和完成质量来进行评价。例如，成交一个客户可以获得10000元的提成，其中潜在客户占1000元，根据动作分解的评估和绩效结合如表 4.10 所示。

表 4.10　动作分解的评估和绩效

动作	1 收集信息	2 符合标准	3 有效接触	4 获得认可	5 有效登记
权重	10%	10%	30%	40%	10%
绩效	100 元	100 元	300 元	400 元	100 元

该经理将客户给了新员工，而新员工只是独立完成了“收集信息”、“符合标准”和“有效登记”三个动作，在这次业务中，他只能获得 500 元的业绩提成，其他的 500 元可以由经理负责处理，纳入到团队的奖金池；同时要告知该新员工，要尽快地将剩下两个动作熟练掌握，以便未来能够独立处理业务，并获得相应的业务收入。这样处理既保持了团队中的公平性，也能够促进新员工的成长，避免养成长期依赖的坏习惯。

第5章

解决方案S：设计解决方案

组织策略分为“潮水式”策略和“浪花式”策略。当管理者意识到问题存在时，通常会采用相应的策略来应对，在投入了相应的资源、精力和时间之后，也能够获得一定的反应，但是这样的反应具有“短期的”、“个体的”和“表象推动的”特点，这样的策略称为“浪花式”策略；反之，如果采用的策略对于组织而言具有“长期的”、“整体的”和“根本推动的”特点，这样的策略称为“潮水式”的策略。

潮水的形成需要以下几个前提：

- 空间开阔，数百公里的孕育，形成最后几公里的磅礴气势；
- 方向一致，多股浪潮往一个方向汇聚，后浪推前浪，形成整体合力；
- 入海口外宽内狭，潮水涌积起来，潮头越积越高；
- 大量泥沙的沉淀，形成“沙坎”，为潮水的造势进行铺垫；
- 借助潮汐的力量，每年中秋节前后，是一年中地球离月球最近的时候，通常秋潮都比较壮观。

因此，对于组织的发展策略而言，“潮水式”策略具备以下几点：

- 根据战略需要进行整体策略规划，越具备“战略定力”，策略越能够发挥作用；
- 各部门的策略需要在战略的指引下形成合力，不能各自为战，内部自相消耗；
- 策略储备需要有“宽度”，吸引更多的利益相关者成为自己的合作伙伴，但策略执行需要“聚焦”，在关键点上打歼灭战；
- 策略的推动不要害怕失败，所有的尝试都会成为未来成长的阶梯；
- 需要选择最有效的时机，能够借助外部的力量，从而强化策略的力度，比如新政策、新技术、新需求等。

1+N的偏差

当公司确定了“潮水式”策略之后，各个部门就要围绕这个“潮水式”的策略展开各自的策略分析，在对策略进行分析之前，需要理解从一级问题到二级问题的偏差的分析。我们将一级问题定义为“1”，所带来的多个二级问题定义为“N”，由此形成了“1+N”的偏差的分析。

通常情况下，部门找到了关键的二级问题或三级问题，才会进入部门级的方案设计。为什么不是在战略目标或一级问题确定后就开始设计部门级的解决方案呢，这是因为只有找到部门级的精准问题，部门制订的方案才更加精准。

某销售部年初制定的目标是做到1200万元的销售额，按计划6月30日应该做到600万元（B线），但实际才做到400万元（C线），因此这里产生了一个200万元的偏差，这个偏差不是6月30日产生的，而是从1月1日起就开始产生了。

所有管理者都希望最终的结果往A线走。但如果不进行有效的干预，这种趋势还会发生（见图5.1）。

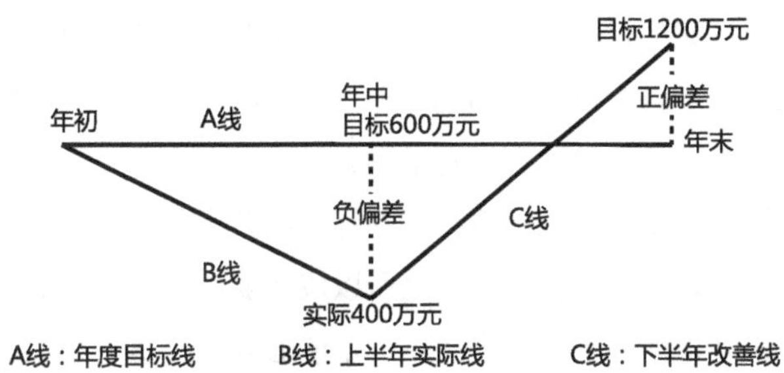

图5.1 某销售部门销售额偏差

在上述案例中，在出现200万元的偏差时，开始分析原因，并制定策略，就会出现“眉毛胡子一把抓”的现象，因为这200万元的偏差结果是“多因单果”的过程；围绕结果的偏差，是很难找到有效的策略的，因为这里面包括多个驱动要素和多个原因。

同样是100万元的销售额偏差，将结果分解为多个驱动要素，比如进店客户数、成交转化率、人均消费额等（见表5.1）。

表5.1 某销售部门过程分解表

二级问题	年中目标值	年中实际值	年末目标值
进店客户数	10000人	9500人	22000人
成交转化率	50%	48%	50%
人均消费额	1000元	878元	1100元

原因分析

一旦确定了问题，管理者通常采用什么方式来寻找最佳策略呢？一般会有以下四种方式。

找领导要答案：遇到问题喜欢找领导给建议是很多管理者常见的做法，领导也很享受给予答案的过程，由于领导不完全了解问题的状况，所以领导经常给予的答案也不一定具有可行性，时间长了，领导也知道不能够轻易给予答案，而是希望下属提供多个经过研究的答案供领导选择。

学习标杆团队：找系统内或系统外的标杆团队进行学习，是管理者希望找到解决方案的另一种方法。但是方法之所以成功要取决于方法的前提，如果实施前提不具备，其他团队有效的方法不一定能够复制。当下很多的参观、交流和相互学习变成了一次次走秀和拍照，只有自己掌握了问题解决的逻辑才能有效地学习他人的经验。

寻求专家支持：企业外部有大量的专家可以寻求支持，专家是指在某一个领域深入研究并能够给他人专业建议的人，某些专业问题的确需要由相应的专家参与解决。但如果项目经理或项目顾问能够作为项目的代表，和相关专家产生对接和练习，就能够提升某些问题的解决效率。

开展头脑风暴：开研讨会来解决问题是当前比较通用且流行的做法，围绕确认过的关键问题，邀请多位对问题比较了解的同事组成“研讨小组”，大家群策群力,在会议上围绕会议的议题展开研讨,从而获得企业解决问题中的“一级问题”。

这几种方式都有一个共同的特点是基于经验的解决法，当前被更多团队接受并使用的是“开展风暴”，在进行原因分析以及后面探讨策略、行动计划制订时，应遵守以下研讨规则。

一发言：每人都要发言，但每次只能一人发言。

两追求：追求数量、追求创意。

三不许：不许质疑、不许批评、不许打断。

四学习：视不同的意见为学习机会。

描述关键问题

承接前面提出的关键二级问题或关键三级问题，用主谓宾补的形式进行描述。

关键的二级问题描述：质量管理部将公司质量损失从 2015 年 9 万元 / 台到 2016 年降低至 7 万元 / 台。

其中的一个关键三级问题描述：质量管理部将提升检验清除率，从目前的 60% 提升至 2016 年的 70%。

关键的二级问题描述：×× 营业厅将进店人数从 2015 年的 10000 人提升到 2016 年的 12000 人。

其中的一个关键三级问题描述：×× 营业厅将异业联盟的合作客户数从 2015 年的 10 家提升至 2016 年的 15 家。

3W 模型分析内部原因

3W 模型包括 Workplace、Work 和 Worker 三个方面。

Workplace 是整个公司的工作场所，包括公司的产品、公司的文化、公司的政策、公司的制度、公司的领导力和风格等；

Work 是工作本身，包括工作流程、工作标准、辅助工具等；

Worker 是工作者、员工，包括人员的态度、意愿、能力、动机。

3C 模型分析外部原因

3C 模型包括 Circumstance、Competitor、Customer 三个方面。

Circumstance 是外部环境，包括政治环境、政策环境、经济环境、技术环境、文化环境等；

Competitor 是竞争者，包括竞争者的产品、政策、人员、品牌等；

Customer 是客户，包括客户的需求、购买力、决策程序等。

澄清与转化原因

将演绎的描述转化成事实的描述

一般用“你是看到什么或听到什么才得出这样的结论的”来转化。澄清事实有以下三个步骤。

收集事实——你看到了什么才得出这样的结论？

验证事实——你是怎么知道的？

确认事实——你确定吗？

××通信营业厅中，围绕产品的转化率如何提升的问题，需要大家畅所欲言提出原因，有人提出“我们公司产品资费太高”，这是一个演绎，转化过程如下。

问：你们是看到了什么才得出这样的结论的？

答：我们经常遇到有些客户会因为我们公司的产品价格高而拒绝埋单。

问：

- 我们是指谁？柜台的、体验区的还是接待区的员工？
- 经常是什么概念？每天、每周还是每月会遇到？
- 在什么环节遇到？接待、探询需求、设计方案还是报价？
- 有些是指有多少？
- 客户是指什么客户？学生、家庭主妇、农民工还是白领？
- 产品具体是指什么？手机、宽带还是融合？
- 价格高是指什么价格？比谁高？高多少？

以上这些采用的是“关键词”澄清法，逐个词进行澄清，如果当场说不清楚，就需要安排专门的时间进行调研，明确答案后进一步推进。

经过三天的调研后，给予的答复：营业厅体验区的员工每周总是会遇到十几批农民工客户在购买智能手机时反映最低套餐比竞争对手贵十元。到了这一步，该问题从演绎转化为事实的步骤基本完成。

将别人的原因转化成自己的原因

转化提问的方式，首先将责任主体转化为第一人称。

××通信营业厅在讨论的过程中有一个原因是“产品资费太高”，这是一个别人的原因和演绎的描述，如何转化为自己的原因呢？

正确的描述是“我们营业厅体验区的员工无法应对每周遇到的十几批农民工客户在购买智能手机时反映最低套餐比竞争对手贵十元的诉求”。

确定根因（寻找关键影响要素）

根据导致问题的原因，找到产生问题的根因或主要原因。具体分类方法有以下三种。

分类共创法

分类共创法是团队集体研讨问题原因的一种方法，可以采集团队成员集体的智慧，穷尽问题所产生的可能的原因，然后通过分类的方式，来找到问题的根本原因的过程，其基本步骤如下：

- 描述且澄清需要解决的问题；
- 将参与研讨的人员分成多个独立的小组；
- 小组研讨问题产生的原因，并在每张卡片上写一个原因；
- 将卡片按照原因的不同类别分类；
- 对每一类原因进行归纳描述；
- 请团队成员对所归纳原因进行判断，各自确定最重要的原因；
- 最终确定达成共识的“根本原因”。

因果归纳法

因果归纳法是将讨论出来的原因进行“因果比对”，从而获得“根本原因”的方法，其基本步骤如下：

- 描述需要解决的问题；
- 请参与研讨的人员进行独立思考，将问题原因写在独立的卡片上；
- 将原因进行分类；
- 每一类别中，将原因进行“因果比对”，将“果”下移，“因”上移；
- 如果原因没有因果关系，则另起一列；
- 将最后处于上端的原因确定为“根本原因”。

5Why 法

5Why 法又称“5 问法”，就是对一个问题进行连续 5 个“为什么”来追问，从而追究其根本原因。在实际使用时，通常不限定只做“5 次为什么的探讨”，直到找到根本原因为止。

一台运转正常的机器突然停止了运行，初步查看是保险丝断了，通过“换保险丝”的做法看似可以解决问题，但这样的解决法只是解决了表象，需要用

5Why 法来穷尽问题的原因，即不断使用“为什么”的提问方式深挖根本原因，只有找到根本原因，才能制定出“根本性的策略”。

问题一：为什么机器停了?

答案一：因为机器超载，保险丝烧断了。

问题二：为什么机器会超载?

答案二：因为轴承的润滑不足。

问题三：为什么轴承会润滑不足?

答案三：因为润滑泵失灵了。

问题四：为什么润滑泵会失灵?

答案四：因为它的轮轴耗损了。

问题五：为什么润滑泵的轮轴会耗损?

答案五：因为杂质跑到里面去了。

经过连续五次不停地问“为什么”，才找到问题的真正原因：过多的杂质导致机器停止运转，从而找到了根本解决的方法为在润滑泵上加装滤网。

策略优选

什么是策略

策略是解决问题偏差的路径。策略或方法的常见表达方式，可以用“通过 ×× 方法，去解决 ×× 问题”来转化。比如“通过拜访客户企业的关键人，提升银行理财产品的签约率”、“通过店庆宣传活动，提升营业厅的知晓率”等。

匹配优选策略七步法

成立策略小组

成立策略小组，主要是确定参加策略小组的人选。一般来说，每个小组理想的人数是 4 ~ 8 人；参与人员有强烈解决问题的意愿；资深员工即有经验的员工是比较理想的选择，成员之间具有互补的专业或经验背景；小组成员具有社会属性的多样性，比如年龄和性别；成员之间互有不同的学习风格，比如理论型、反思型、实干型、创新型。

策略小组的成员角色主要有组长、组员、督导、记录员。组长主要的职责是召集并领导策略小组的工作；组员的主要职责是参与到活动中，并贡献自己的力量；督导的主要职责是负责策略研讨和优选的整体推动；记录员的主要职责是负责整个阶段的过程或结果记录。

选题与准备

成立了策略小组后，接下来的工作是选题与准备。选题的标准主要来自本部门的关键二级问题，如果可行，也可以选择三级问题。

确定选题后，组长推动小组成员进入准备阶段。一般来说，准备时间少则一个星期，多则 10 多天。这其中一个重要的事情是让小组成员熟悉并深化理解策略选题的意图，即为什么要做这件事？对选定的问题进行本行业、本企业的研究和准备，分析出曾经的企业最佳实践或行业最佳方法。

跨界研究

除了在本行业或本企业的研究，必要时，需要推动小组成员跨界研究其他行业的策略或方法，深入了解并分析其他行业是如何解决此类问题的，并且找到这些方法或策略的价值。

策略研讨

在小组成员做好充分准备的基础上，组长可以召集开展策略、方法研讨会，在研讨会上，每个成员都要提前准备 3~5 个备选策略参与研讨，这些策略方法都是提前进行研究，能用数据和事实作为依据的，而不是在研讨会的现场临时做的一些研讨，在研讨的过程中，通过头脑风暴的方式对策略或方法进一步丰富。

在确定策略中通常采用 AIRE 模型，即进攻策略（Attack）、创新策略（Innovative）、弱化策略（Reduction）和放大策略（Enlarge）。

进攻策略：寻找竞争对手的弱点，寻找可以进攻的策略。

创新策略：在内外部都不太具备优势的情形下另辟蹊径、重起炉灶，找到有效的全新策略。

弱化策略：在无法回避自身劣势的前提下，确定能够消减劣势程度、降低最大损失的策略。

放大策略：以外部有利因素作为“杠杆点”，设计能够全力放大自身优势的策略。

在策略研讨中，我们经常需要对威胁因素进行转化，形成对我们有利的因素，从而从习惯于防守的策略转变成进攻的策略，带来新的策略思维。此处的转化包括以下三个方面。

改善性转化：遇到不利的威胁因素则努力找到降低风险、减少损失的方向。例如，一家传统银行认为“互联网金融给他们的业务造成威胁”，经过转化分析发现，受到互联网金融影响的是整个行业。如何在行业整体变革的环境下，通过聚焦客户、聚焦产品的策略避开互联网金融的影响，从而形成自身具有特色价值的业务服务模式。

替代性转化：遇到不利的威胁因素则找到新产品、新功能、新方式替代原有的产品、功能和方式。例如，一家汽车 4S 店反映“马路对面开了一家其他同档次品牌的 4S 店对他们构成了威胁”，如果换一种思维，这家店的开业对他们是否有好处呢？之前，该店一直向消费者强调“起步快”和“舒适感”两大卖点，但消费者其实没有感知；现在，通过强化设计“试乘试驾”的过程，并邀请消费者到对面 4S 店进行试乘试驾的感受比对，从而提升本店的成交转化率。

反向性转化：遇到不利的威胁因素后进行逆向思考，将不利因素变成有利因素。例如，某高档白酒团队反映"假酒成为他们提升销售转化率的一个威胁"，经过分析后发现，喝假酒的消费者其实也是受害者，因此不只要考虑"加强打击假酒"的策略，也要顺藤摸瓜，通过假酒销售的渠道找到那些消费者，通过"来厂参观、真酒鉴赏、神秘顾客"的策略，将原先假酒的消费者转化为打假代表和区域荣誉大使，通过他们来转化更多的消费者。

推动策略创新过程中，特别需要关注"关系重构"的技术，关系重构是基于"系统思考"的逻辑，强调不只关注事物本身，还要关注事物与事物之间的关系，从而找到新的模式和趋势。如果不进行关系重构，在分析原因的时候，往往站在自我经验的角度来提供原因。基于"过去的经验"的原因，自然只能够推导出"过去使用过"的策略，所谓"种瓜得瓜、种豆得豆"。为了能够形成更加有效的"新策略"，就需要重新构建关系，通常包括时间关系、空间关系和人物关系。

时间关系：包括过去、现在和未来，在分析原因和需求时，大家习惯于分析过去和现在的原因，而忽略了未来可能的原因和需求，从而难以满足对方基于未来的"期望升级"。

空间关系：从组织价值的角度来看，收益包括收入和成本，这两个方面往往是来自不同的空间，因此在分析过程中，要尽可能将该业务所涉及的空间区域完整呈现出来，才能找到未来"增值收益"的机会点。

人物关系：随着外部环境的变化，组织内部的利益相关者之间的关系也随时发生变化，比如员工与客户的身份、客户与经销商的身份、客户与供应商的身份、员工与股东的身份等，这些身份关系的变化就会为未来的策略创新提供想象的空间。

策略评分

在策略研讨过程中会产出多项策略或方法，接下来需要测算每项策略可能的投入产出比和实施中面临的障碍，并对每项策略的投入和产出分别进行评分。评分采用10分制。

以提升某通信营业厅的进店人数为例，假如投入最多需要花2万元，即每一分代表2000元，投入越少，分值越高；产生的收益最多是10万元，即每一分代表10000元，产出越多，分值越高。

在策略研讨阶段，确定了以下四个备选策略，如表5.2所示。

表5.2 ××营业厅进店人数策略评分

备选策略	投入评分（分）	产出评分（分）	总分（分）
1. 外呼	8	6	
2. 厅外大型广告宣传	6	3	
3. 小区路演	5	4	
4. 异业联盟	4	7	

优选策略

通过对投入和产出进行10分制评分后，计算投入和产出的乘积，根据乘积数据大小对策略进行排序，并优选策略（总分分值比较高的策略，被认为优选策略）（见表5.3）。

表5.3 ××营业厅进店人数优选策略表

备选策略	投入评分（分）	产出评分（分）	总分（分）
1. 外呼	8	6	48
2. 厅外大型广告宣传	6	3	18
3. 小区路演	5	4	20
4. 异业联盟	4	7	28

根据表5.3，外呼是首选策略，其次是异业联盟，再次是小区路演，最后是厅外大型广告宣传。

验证策略

确定了优选策略后，接下来可以由多个小组分别进行抽样式验证，验证的时间以 1 周到 4 周不等，根据最终的结果，验证最佳策略。

一般来说，如果在匹配优选策略阶段，严格遵循七步法，基本上能够找到解决相关问题的最佳策略。

但在实际的操作过程中，还需要关注以下两个关键点。

突破固有策略思维：策略小组的成员往往容易掉入固有策略思维的陷阱，大家会凭着固有的经验，去寻找固有的策略或方法。而这些固有的策略或方法已经经过验证，对问题的解决帮助不是太大，固有的思维限制了小组成员的创新能力。

精心准备：在正式研讨策略或方法前，需要小组内的每个成员进行提前精心准备，甚至需要进行跨界（跨行业）的研究工作，打开思路。

六度策略组合法

头脑风暴法是当前使用比较多的策略研讨方法，但是在应用该方法时大家面临以下几个困惑：

- 需要非常专业的主持人；
- 参与者多依赖于自身的经验参与解决问题；
- 研讨出来的方案难以创新和突破；
- 获得的是短期的、个体化的解决方案。

“六度策略组合法”则可以获得长期的、整体的解决方案（见表 5.4 和图 5.2）。

表 5.4　六度策略组合法

3W	策　略	定　义	度
组织层面 (Workplace)	产品	本部门独立创造的价值的载体	价值度
	政策	对利益相关者稳定的承诺	吸引度

续表

工作层面 (Work)	流程	交付价值的过程	畅通度
	标准	交付价值中最佳团队的最佳实践	规范度
人员层面 (Worker)	意愿	利益相关者保持价值转化的热情	兴趣度
	能力	支撑价值转化的知识技能要素	推动度

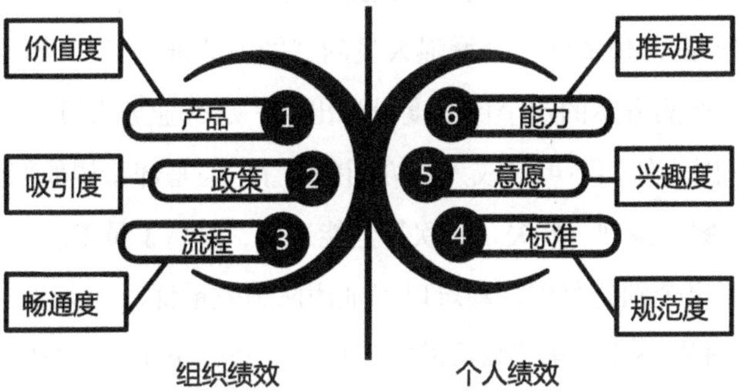

图 5.2 六度策略组合法

组织绩效

管理者首先要对组织绩效负责，打造本部门“产品的价值度”、“政策的吸引度”和“流程的畅通度”将成为管理者的首要任务，管理者围绕价值度的打造要承担“产品经理”的角色，不断提升部门职能的价值。销售部经理要持续关注外部需求和环境变化下的“销售方案体系”的设计；培训部经理要围绕企业业务战略和人才战略不断完善“合格员工的标准和评价体系”来开展工作；同样，质量管理部要关心“质量隐患和事故控制体系”的打造和设计。

管理者还要承担的另外一个角色是“运营经理”，仅仅是本部门认为自己具有很大的价值是不够的，你还需要让前后端的利益相关者获取、认同、转化成你们的价值，所以你需要运营你们的价值交付，可以依靠“政策的吸引度”和“流程的畅通度”来实现。经营的核心是经营人，经营人的核心是经营人心，政策是保持人心的重要环节，因此政策的设计强调的是持续性和稳定性，流程的优化是为了带来价值交付的便利性。古语云“易则易知，简则简从”，意思是说容易的知识便于传播，简单的事情便于复制。在保证组织安全的前提下，流程越简单越好。

个人绩效

组织绩效体系的增强有助于提升个人绩效，并且能够降低企业对员工、客户和供应商的依赖度，形成持续提升的组织能力。

首先，“产品的价值度”会增强人员的“能力的推动度”。如果销售部经理没有把未来的产品方案的这个价值度设计出来，那么业务人员的整体能力发展会遇到挑战，因为他们不可能成为多方面的高手，但是却希望他们成为拿线索、抓需求、做方案、谈判、公关、催款等全能选手，提高了员工成长合格的门槛，最终可能培养出个别的英雄，却难以保证团队绩效最优。

其次，管理者持续优化“政策的吸引度”会强化员工、客户和供应商的“意愿的兴趣度”，管理者持续简化流程形成“流程的畅通度”，也便于保持“标准的规范度”。员工、客户和供应商就能够持续合作的兴趣和能力，通过简单的复制来达成组织与组织、组织与个人之间的共赢。

以上六度组合策略中，“价值度”是首要考虑的维度，由此形成以“价值度”为核心另外五个度匹配的“1+5”策略推进模式，即团队研讨的重点是在“价值度”上达成共识，再分别设计另外的五个“度”。过去在头脑风暴研讨中之所以混乱，也是乱在没有把“价值度”确定作为讨论的前提，每个人都站在自我“价值度假设”的情形下表达着自己对政策、流程、标准、意愿等方面的观点（见表 5.5）。

表 5.5　六度策略组合

组织绩效	产品	1. 明确创造的独特价值、载体和创新的关系构成； 2. 阐述价值设计的原理、过程和价值的实现步骤； 3. 描述价值服务的功能、特点、收益和体验证据
	政策	1. 确定长期的利益相关者关系； 2. 设计基于共同愿景的相互承诺的原则、义务和收益； 3. 保障承诺兑现的措施和调整的程序

续表

组织绩效	流程	1. 价值创造中的角色关系； 2. 分解价值创造过程中的基本步骤、节点和关键点； 3. 提供过程中的工具、表单
个人绩效	标准	1. 交付价值过程中的最佳实践； 2. 设计关键动作的原则、步骤和可量化的细节； 3. 采集实践中的场景化案例来验证标准
	意愿	1. 分析利益相关者的动机； 2. 设计方案来保持利益相关者的热情； 3. 将短期的热情转化为长期的信赖
	能力	1. 确定参与者的能力要求； 2. 设计方案来提升相关者的能力； 3. 及时评价相关者的能力变化及制定应对策略

某通信运营商为了提升宽带市场占有率的问题，推出了一个方案：营维合一，即推动营销团队和装维团队之间形成合作。装维人员在为客户上门安装机器、拆除机器和移装机器的同时，对客户展开销售推动，获得客户需求线索后转交给营销团队跟进，如有成单，则双方进行绩效分成。这个方案推行后效果如何呢？

事实上这个方案推行后的效果表现差异很大，有些市场效果不错，但更多的市场却反应平平，用“六度策略组合法”分析如下。

该方案的“价值度”还是很高的，因为在运营商当前的员工及合作伙伴的队伍中，能够与家庭业主深度接触的只有装维人员，通过装维人员与客户深度接触的机会，有效地探询客户新的业务需求，及时反馈给营销人员跟进并成单。

但是，很多市场在实施过程中的政策设计只考虑了“装维人员”和“营销人员”，甚至将首批全部收入全部奖励给了装维人员；但是对经销商老板和装维老板这两个利益相关者没有相应的政策，导致他们对此项方案的支持力度不够。

因为政策设计得不全面，导致流程设计上也存在盲区，大家将“业务流程”设计得很清楚，即装维人员如何开发业主需求、如何转交给营销人员、如何跟进成交等；但“绩效兑现流程”却没有得到重视，导致有些业务的边界无法界定，装维人员和营销人员在绩效数量确认上产生歧义，加上双方老板对此并不重视，在处理过程中随意性较大，从而会挫伤相关员工的积极性。

另外，在装维人员的业务标准上要给他们提供操作标准、支持工具和实践案例进行支持，在意愿保持方面协助他们建立盈利目标、及时反馈业绩信息、精准的兑现奖励等，在能力提升方面开展技术认证、建立支持和评价系统来保证整体推动能力持续提升。

计划实施

计划实施 5 原则

从最佳策略或方法到月度行动计划，是将集体的智慧落地到实际行动的过程。在制订计划的具体步骤时，需要遵循以下 5 个原则。

原则 1　动宾结构

计划步骤的描述是动词 + 宾语，动作是可以测量或衡量的。避免使用以下动词：掌握、熟悉、了解、知道、明白等。

组织员工培训、举办户外活动等，推荐用表 5.6 的动词。

表 5.6　推荐动词

动词类型	相关动词
认知类	举例、对比、辨别、列表、对照、命名、定义、引用、描述、背诵、探知、认识、区分、练习、区别、重复、枚举、重塑、解释
技能类	组合、准备、计算、处理建立、证明、复制、记录、记数、修理、展示、解决、设计、说出、开发、转录、画出、打字、衡量、书写、操作
态度类	调整、决策、分析、评估、测量、挑选、选择、批判

原则 2 时间线逻辑

每一个步骤按时间顺序往下走，保证计划的实施过程能够督导跟踪。以组织员工培训为例，分别包括以下 5 个步骤：

- 调研培训需求；
- 制订培训计划；
- 选择培训师资；
- 实施培训课程；
- 评估培训结果。

这 5 个步骤有明显的时间逻辑顺序，只有在上一步骤完成后，才能往下进行。

原则 3 看得见的结果产出

每一个步骤的结果产出是明确具体的。仍以组织员工培训为例，其中的 5 个步骤，符合要求的结果产出分别是：

- 经过部门领导审核的培训需求调研报告；
- 经过部门领导审批后的年度培训计划；
- 按照师资标准审核后的合格的内外部讲师；
- 按照培训计划，在规定的时间、地点，针对合适的人员，由合格的师资完成培训；
- 经过部门领导审核后的培训评估报告。

原则 4 区别管理计划与业务计划

计划分为管理计划和业务计划两种，管理者制订管理计划，是管理人员面对员工使用的步骤，员工根据管理计划来制订业务计划，业务计划是员工面对客户使用的。通常，很多管理者会容易忽略管理计划，而是习惯于写业务计划，因为管理者往往是业务高手，他们更容易将管理计划写成业务计划。区别管理计划与业务计划如表 5.7 所示。

表 5.7 区别管理计划与业务计划

	管理计划	业务计划
对象	员工	客户 / 合作伙伴
内容	管理任务	业务任务
拥有者	管理者	员工
责任人	多人	单人

原则 5 最后一步必须评估

最后一个步骤必须是评估，评估以上计划和策略实现后，所支撑的二级、三级问题的偏差是否完成，评估包括形成性评估和结果性评估两种。

形成性评估是指在计划没有实施或在实施之中进行的评估，目的是要经过反复评估后，对原有的计划不够完善的地方进行改善，从而提升计划执行的效果。在形成性评估中，需要管理者反复设问：如果这些计划全部完成，问题一定能够解决吗？通常答案不会那么肯定，就说明计划中还有可以完善的地方。另外，这样的设问可以形成“风险的假设”，要对风险进行发生概率和破坏率两个维度的评估。两个维度都会采用 10 分制，评价出来的分值相乘，得分高的风险即为重点面对的风险，需要提前制订预案。

结果性评估是指在计划执行之后进行的评估，目的是总结本次计划执行过程中的经验和教训，一方面是给本次的计划实施进行价值评价和奖惩兑现，另一方面是为了给未来的计划执行提供参考依据，避免同样的错误多次发生。但是，对于本次计划来说，结果性评估已经是事后评估了，对本次计划的改进已经无济于事。以组织员工培训为例，本次员工培训指向的是某营业厅员工的接待支撑率的偏差，其中的 5 个步骤，最后一步是评估培训结果。如果培训后两个月内，该营业厅员工的接待支撑率获得了提升，说明本次计划与策略是可行的。相反，如果经过评估后，培训的结果没有达成预期，说明所制订的计划与策略需要重新完善。

这样做法的好处是，以前的计划是任务导向，即任务完成了，不一定能完成目标，导致任务与目标两张皮。现在的计划是结果导向、目标导向。

让计划赶得上变化

为什么计划赶不上变化

中国有句老话“计划赶不上变化”，需要从两个方面去理解这句话的意义。一方面是计划的制订缺少前瞻性，没有充分考虑到变化的可能性，以至于经常变化导致调整计划；另一方面是对计划中的风险评估不足。

计划赶得上变化

计划赶得上变化，需要通过对风险的评估、风险的防备、预案的准备来预防变化的发生。

风险的来源

每一个计划步骤都会带来风险，风险可能来源于多个方面，包括环境、实施操作者、竞争对手等。因此对于风险，要提前进行预测，并且描述风险。

培训员工会带来风险，如现有的参加的培训人数不够，或者培训的内容不能达成培训目的；

实施宣传计划，可能产生风险，如天气不好，下雨了；

举办广场活动，由于其他重大活动同时在进行，会影响本次活动的参会率。

风险发生概率及破坏率的评估

风险发生概率的评估是指风险发生的可能性有多大。在实际评估过程中，一般采用10分制，如果风险发生的概率特别大，会评9 ~ 10分，风险发生的几率很小，一般会评1 ~ 2分，依次类推。判断标准源于专家经验值或者统计数值。

风险发生破坏率的评估是指风险如果发生，发生的破坏程度有多大。也是采用10分制，如果风险发生的破坏率特别大，会评9 ~ 10分，风险发生的破坏率很小，一般会评 1 ～ 2 分，依次类推。判断标准源于专家经验值或者统计数值。

风险预案的准备与设计

将风险发生概率和破坏率相乘，分值比较高的，可能就是重大风险，因此需要对重大风险准备预案。

预案设计包括负责人、具体步骤、费用等。比如培训员工，可能要设计的风险预算是如果培训员工的人数不够，设计的预案是多准备待培训的人员，由此产生的预算要增加多少。举办户外活动可能要下雨，针对这一风险，预案的设计包括备用一个室内场地，或者备用雨披、防雨设备，以保证活动可能正常进行。

风险预案的检查与启动

预案检查是指在启动见险预案前，对预案的各个环节进行检查。

以举办户外活动为例，在活动开始前，相关责任人要对预案进行检查，寻找隐患，比如雨具的数量够不够，雨具发放的顺序是否会影响活动，准备人员的条件是否符合。对预案进行最终确认，经常使用的工具是点检表。

预案启动时刻是指我们看到什么现象，要启动预案。比如户外活动下雨发放雨具，是看到乌云时发放，还是下小雨时发放，还是下大雨时发放，因为预案启动对活动造成较大的影响，尽量不要启动预案，但是如果启动的时刻比较迟对活动也是有影响的。启动的时刻比较难以把握，需要考量预案负责人的观察力和可控性。一般来说，要设置一个可观察的条件，来启动预案。

上接战略的计划

为什么是月度行动计划

月度行动计划是各企业实现战略目标和年度目标中最稳定的管理行为，每家公司均不可或缺，是能够嵌入公司的战略目标和年度经营目标完成的过程。企业每一年要根据确定的年度目标来制订年度经营计划，然后各部门要将目标和计划分解到每一个月，从而形成月度行动计划，并且每月需要召开月度经营分析会。

月度行动计划表（见表5.8）。

表5.8　××部门月度管理行动计划（GPS-IE管理改进系统™版）

二级问题	当前值	目标值	三级问题	策略	计划步骤	产出定义	风险点	风险发生概率	风险发生破坏率	预案	日期	责任人	预算	督导

二级问题：二级问题系统是管理者的年度管理底盘，从指定年度经营计划开始，就要围绕本部门的二级问题进行过程分解，分解到每个季度和月度。二级问题的数据测量和统计形成了计划表中“仪表盘”的重要组成部分，月度的计划、实施、评估、总结均要从二级问题的数据分析开始。

三级问题：三级问题系统是员工的月度工作底盘，在制订月度行动计划时，员工要根据管理者的关键二级问题找到关键三级问题，识别出本月个人的重点工作任务，形成员工个人的工作“仪表盘”，月度个人的计划、实施、评估、总结均要围绕三级问题来展开。

策略：在年度计划和月度计划中，策略通常是围绕二级问题来设计，根据数据分析出关键的二级问题，找到导致二级问题偏差产生的根本原因，制定出对应的策略。员工在实行计划过程中，需要落实二级问题策略的意图。

计划步骤：策略意图需要转化为计划步骤，在转化过程中，要参考方案、政策、流程、标准、意愿和能力六个方面，细化执行的过程，并以评估为结束。

产出定义：需要用明确的产出定义来界定计划的产出标准，如“培养员工掌握新产品的销售技能”这个计划，产出定义应该描述为“十个员工通过了新产品销售技能测试”，只有形成明确的产出定义，才能对每个步骤进行精准的评估。

风险点：在计划实施过程中，通过形成性评估找到执行过程中可能产生的风险，防患于未然，将风险消灭于萌芽状态，或者一旦发生风险，也能够提前准备各种应对预案。

风险发生概率：风险发生的可能性评估，有时风险发生的可能性很大，有时风险发生的可能性很小，只要有风险发生的可能，就需要在计划实施之前评估出来，做到心中有数，忙而不乱。

风险发生破坏率：要对风险发生后的破坏率进行评估，有些风险发生后形成的后果是可以承受的，有些是不可以承受的，面对那些一旦发生，对问题的解决形成巨大障碍的风险，就需要提前评估出来，且重点对待，不怕一万，就怕万一。

预案：对风险指数比较高的风险点，需要形成处理预案，从人力、财力、物力、方法等方面做好充分的准备，甚至在某些重大活动之前，还要进行预案的演练，以保证一旦发生重大风险，所有人员都可以有条不紊地来应对可能的风险。

日期：每一步计划均有完成日期的要素，可以是终点日期，也可以是起始点时期区间，但不可以只有起点日期，没有终点日期。日期的要素指向了计划完成的及时率，一旦确定了交付日期，它就具有了“严肃性”特征，不能够轻易改变，现实工作中，正是因为很多人对日期不够敬畏，每个人都可能只晚了一点点，但多人的计划合成后就导致计划延误许多。

责任人：是指每一步计划任务的责任人，作为计划任务的责任人，每一位参与者将围绕计划的过程和结果，带领各自的制订团队开展工作，过程中可以对计划进行优化和调整，但均需以交付结果的达成为目的。

预算：计划执行中需要有人力、资金、物料等预算的支持，不同的计划会带来不同的预算，因为预算是根据“所要完成的事情”的需要而制定的。离开对问题、原因和策略分析而形成的策略预算可以称为“拍脑袋式”的策略。

督导：每一项计划均需要有独立的第三方对计划过程和结果进行督导，督导的依据是整体计划，根据实际执行的情况给予标签。如果执行团队顺利完成，督导则给予绿色标签，如果执行团队延误，则给予黄色标签，如果执行团队失败了，则给予红色标签。因此，督导可以根据计划中标签颜色的不同，对实施团队中的各个角色进行绩效评价。

月度行动计划如何“上接战略、下接结果”

二级问题直指战略

二级问题的稳定性指的是驱动要素的名词是稳定的，只要公司的主体业务不发生变化，过去 5 年或未来 5 年，这些驱动要素是不会变化的。而二级问题直接指向一级问题的结果，一级问题支撑公司的战略。因此只要实现二级问题，公司的战略就会实现。

在执行过程中，二级问题的量词偏差即数据会发生变化，发生变化大的二级问题就是该部门下一阶段重点解决的二级问题。

尽管二级问题的量词偏差即数据会发生变化，但在一个较长的周期内，二级问题库不会发生变化，这些二级问题库类似于管理者手中的多只球，只要这些球顺利转动起来，这些战略目标就能实现。

解决“变”与“不变”的认知

我们也很容易受到一句话“这个世界唯一不变的就是变化”的误导，当朝令夕改成为一种常态，大量的员工认为什么都可以变化时，很容易让员工迷失自我，过多的变化会使大家失去原则与方向。

在管理中，我们需要强调以不变应万变。中国文化当中理解变化，是从易经开始的，易经的易有三个层面的意义，不易、变易、简易。

不易指向的不变，变易指向的是变化，简易指向的是简单。只有掌握变与不变的规律，就会使管理变得简单。战略目标的实现中，需要掌握变与不变的规律,通过月度行动计划表,如何认知管理中的变与不变呢？哪些是不变的呢？

不变：二级问题是一条中间线，二级问题之前是不能变化的，包括二级问题的名词本身、一级问题、战略目标、愿景、使命、价值观、原则等。

变：二级问题以后的策略、计划、责任人是可以变化的,需要我们进行创新。

以不变的驱动要素去指导我们创新，以不变应万变 ，万变不离其宗，这里的“宗”则指向的是驱动结果和战略。

实施过程的保障

实施月度行动计划的过程中,每个员工都要负责任。因此对每个员工用“红绿灯”进行监控和评估：完成贴绿灯、延误贴黄灯、失败贴红灯。通过员工完成月度计划的数量和质量来评估员工在实施战略过程的价值。这种方法也大大地提高了管理的效率，特别是开会的时候，效率就更高了。

月度总结

传统的月度总结

在某公司一次月度检讨会上，大家的汇报如下。

总经理陈总痛陈公司营业衰退情形，他说：“今年以来公司营业情况真让人心寒，第一季的营业额居然降到一亿元边缘，比去年同期衰退了将近五成，仅达成今年营业额年度目标的 8.3%。希望在座的各位能彻底探究营业衰退原因，提出因应对策，否则长此以往，公司营运情况必定不堪设想。”

营业部经理廖经理表示：“今年第一季营业额确实减退很多，但有几项事实不容忽视。今年第一季是淡季，历年第一季的营业额通常也只占全年营业额的 15% 左右；今年第一季春节假期较往年为长，本公司的营业当然大受影响；去年上半年正值景气繁荣阶段，今年经济景气普遍低迷，企划部门所做的营业目标却依然依据成长的乐观估计所定；本公司产品的式样业已过时，虽然营业人员费了九牛二虎之力，也难以拓展市场。”

研究发展部胡经理提出他的看法：“本公司的研究发展一向不落人后，新产品推出速度也比同业领先，以去年来说，本公司就有五种新产品问世。”

财务部王经理反驳：“去年推出五种新产品，有两种是失败产品，造成不少亏损，可见推出新产品不一定符合成本效益原则；而且新产品的推出多集中在五六月，时效上落后了很多。个人认为本公司应该努力于现有产品的促销，更重要的是预测与计划工作必须加强，以免浪费大量资源于没有潜力的产品上。”

企划部刘经理抗议：“企划部门所做的一切预测工作及营业计划都按照营业目标，并非特别高，何况同业中也有少数公司营运仍持续成长着。另外，请别忽略了企划部全体人员只有三名的事实。我们人少事繁，又要承担公司成败之责，似乎不公平，本人认为如要促使公司业绩成长，重点仍在营业部。”

传统月度总结的特点可以总结为以下几方面。

三段论：一般的部门月度总结汇报中，通常为“三段论”，即第一段为“本部门上个月做了些什么”，第二段为“本部门下个月将要做什么”，第三段为“希望得到领导和其他部门哪些方面的支持”。

差不多：每个月的计划内容相似度很高，似乎就那么几件事，颠过来倒过去的描述。

差很多：某些部门在前几个月的计划中宣称要做的伟大任务，过了几个月却悄无声息了。

不一致：各个部门关注的任务方向不一致，人力资源部在忙着说招聘，财务部都在忙着说报表，销售部忙着说客户关系等。每个部门都在说自己认为重要的事情，而不是基于战略目标、客户导向的统一前提下，经过系统思考形成的表达。

GPS-IE 的月度总结（见表 5.9）

系统的月度总结是要将每次的月度总结变成一次论文答辩现场，去推动各部门对思维的认知更加系统，对问题的认知更加准确，对过程的把控更加趋于事实。

GPS-IE 月度总结的四大特点总结如下。

系统性：从系统的角度出发，从战略目标到一、二、三级问题，落实到月度行动。

逻辑性：遵循的基本逻辑是预算跟着计划走，计划跟着方法走，方法跟着原因走，原因跟着问题走，问题跟着目标走，目标跟着战略走。

结果性：月度总结直指部门的一级问题，即结果，并且支撑公司战略目标的达成。

持续性：因为月度行动计划中的不变，即二级问题之前的要素，包括二级问题的名词本身、一级问题、战略目标、愿景、使命、价值观、原则等在长时间内稳定，因此使得行动计划持续性较长。

表 5.9　×× 部门月度总结模板

本年度一级问题：

偏差是：

所负责的二级问题完成情况：

编号	二级问题	顺利完成	存在偏差	编号	二级问题	顺利完成	存在偏差
1				4			
2				5			
3				6			
……				……			

二级问题改进计划的参考要点：

1. 存在偏差的二级问题是?
2. 该二级问题的三级问题是?
3. 三级问题的原因分析是?
4. 我们将采用的具体方法是?
5. 我们制订的具体行动计划（含产出定义、责任人、日期等）是?
6. 督导：完成状态：顺利完成（绿灯）(　) 延误（黄灯）(　) 失败（红灯）(　)

续表

7. 如期完成，将给予的绩效（如不能完成将扣除绩效） 8. 为了完成计划，需要在政策、人力、资金等方面的支持
领导质询： 1. 选择二级问题的依据？ 2. 确定问题原因的依据？ 3. 选择方法的依据？还有更好的方法吗？ 4. 该责任人的能力是否与计划匹配？ 5. 如计划无法如期实现，你的预案是什么？ 6. 你的活动预算的理由是什么？ 7. ……

创新型工作转化为模仿型工作

在企业管理过程，随着管理层对问题的认知不断加强，需要把组织当中大量创新型工作转化为模仿型工作。

创新型工作

创新型工作指的是在组织中从来没有涉及、没有体验、需要探索的、没有历史数据、没有形成经验的工作。它往往指向目标型的问题。

创新型工作是通过关键计划来推动实施的。

模仿型工作

模仿型工作是指组织已经通过实践具有历史数据、沉淀了一定的经验的工作。

模仿型工作可以转化为标准操作程序，来规范老员工的行为，对新员工的培养提供标准。

标准操作程序（SOP）编制

标准操作程序包括三大要素，一是原则或宗旨，二是步骤或行为，三是标准或细节（见表 5.10）。

原则或宗旨

什么叫宗旨？第一是战略需要，第二是客户对我们所展现行为的整体认知。

表 5.10　×× 银行客户经理获得更多朋友数量标准操作程序

三级问题	A1-1：获得更多朋友数量		流程编号	
二级问题	A. 提升新增意向客户数量		日　期	
宗　旨	□ 影响　□ 增值		批　准	
检　核	步　骤	标　准		
	收集潜在好友名单	1. 客户经理在工作时间内，参加协会活动，向主办方获取参加宾客的名单，名单内容包括企业名称、职位、手机号 2. 工作时间内，搜索存量客户电话号码，核实是否都在自己的微信通讯录 3. 不能通过手机号添加的，询问客户 QQ 号，通过 QQ 号，获取微信号 4. 客户经理拜访客户时取得财务总监或高管的联系方式 5. 通过收集有价值的名片来增加微信 6. 在参加大型活动中，鼓励或建议主办方举办“摇一摇”或雷达程序 7. 加入本地潜在客户的微信群，不低于 5 个		

续表

检　　核	步　　骤	标　　准
	发出添加好友的邀请	1. 客户经理本人在邀请信息进行自我介绍，包括姓名、任职单位、职位、联系方式 2. 设定每天上午 11 点或下午 3 点发送添加邀请的时间段 3. 设计邀请内容且每周发送一次 4. 执行发送邀请
	添加符合要求的好友	1. 客户经理与目标客户确认互相纳入好友名单 2. 不定期发送包括国家及地方金融政策金融等与客户有相关性的信息 3. 及时回复客户反馈咨询及问题 4. 根据不同业务需求，分类客户群，建立不同的群 5. 落实符合要求的好友
	进行价值沟通	1. 每天 1 次在所建立的各个群里面，发送行业及金融业务信息 2. 每周在群中发表专业类的互动和交流不低于 1 次 3. 每天关注群中成员的发言，每周重点沟通 2~3 人，重点沟通的对象：企业实际所有人、财务总监 4. 每天不定时对群内的客户的反馈信息，单独进行回复 5. 根据客户提出的信息，确定客户业务需求 6. 约见面谈，进一步业务了解及沟通

比如，我们客户接触了三家同行，客户对 A 同行说他们的技术很超前，对 B 同行说他们的服务很周到，对 C 同行说他们的态度不严谨，这说明客户对这三家有不同的认知。我们希望客户对什么认知呢？我们希望的认知就是动作原则或者宗旨。假如我们希望客户接触销售的同事之后会给团队的评价是专业，这是我们的期望，也就是原则。

步骤或行为

因为每个三级问题都会有不同的步骤，比如表 5.10 中三级问题是客户经理获得更多朋友数量，包括收集潜在好友名单，发出添加好友的邀请，添加符合要求的好友，进行价值沟通四个步骤。

标准或细节

可是光有步骤还不够，还需要有标准，为什么要有标准呢？就拿表 5.10 中预约这个环节来说，老员工和新员工预约的技巧是不一样的，新员工可能会很紧张，预约客户的时候拿起电话就啰唆，讲了十句话还没说清楚自己是谁，客户则会很不耐烦。而老员工会怎么做？预约前回忆本月内与该客户交流的细节，接通电话后，面带微笑，三句话之内介绍清楚自己是谁，提供两个预约见面时间以便客户选择确认，这都是细节和标准。

岗位操作手册形成

多个三级问题形成多个 SOP，多个 SOP 的合成，就有可能形成某个二级问题的岗位操作手册。岗位操作手册有以下四大作用。

老员工的提升指南

老员工最大的优点是经验丰富，然而，过去的经验并不一定在未来管用。因此老员工需要将丰富的过去经验上升为理论高度。

岗位操作手册就是对现在员工经验的沉淀，它是着眼于公司战略的发展不断升级的。

老员工升级的过程中，不仅贡献了自己经验和智慧，对他们来说，最大的收获是获得提升。

新员工的培养宝典

当新员工进来之后，有了岗位操作手册，培养新员工就变得简单了。

第一步：让新员工自己看，三天之后再考核。

第二步：作为新员工的师傅，会告诉新员工程序的宗旨是什么？步骤是什么？标准是什么？让他知其然还知其所以然。

第三步：师傅针对几个程序，操作一遍，让新员工观察。

第四步：新员工实际操作，师傅根据岗位手册在检核项打钩，合格的打钩，不合格的画圈，不合格的再回去练习，第二天再考核。

第五步：真正的接触客户过程中，师傅在旁边观察、提醒和补充。

经过这5步，新员工对几个程序就能迅速掌握，这也意味着第一阶段的培训通过合格。从原来可能的三个月才能培养一位合格的员工，通过岗位操作手册，也许培养周期能缩短到一个月。新员工的培养周期大大缩短！

课程设计与开发KSA的来源和依据

岗位操作手册是员工培训课程开发的来源，原则或宗旨部分实际代表的是A（态度），行为和标准是K（知识）、S（技能）的组合。

课程设计与开发人员通过对岗位操作手册中K、S、A的萃取，就可以开发出相应的岗位培训课程。

在这里请大家注意，其实本步骤就是培训行业长久以来头痛的“需求分析”应该如何去做、怎么去做、如何赢得业务部门负责人的真正认可、如何为组织创造真正价值等一系列培训从业者“天问”的答案。这再一次证明了，解决问题的根本方法，往往不在其本身，而是来自另外一个更高的系统。

组织知识管理的沉淀载体

知识管理是组织中建构一个量化与质化的知识系统，让组织中的资讯与知识，透过获得、创造、分享、整合、记录、存取、更新、创新等过程，不断地回馈到知识系统内，形成永不间断的累积个人与组织的知识成为组织智慧的循环。

而知识管理要遵循“知识积累—创造—应用—形成知识平台—再积累—再创造—再应用—形成新的知识平台”的循环过程。而岗位操作手册就是这样的一个载体，帮助组织不断沉淀个人或组织的智慧。

第6章

实施Ⅰ：推动计划实施

讨厌的阶段偏差

在管理的过程当中有四个关键的点，目标、预算、投入和结果。我们再来看看这四个点之间的关联关系（见图 6.1）。

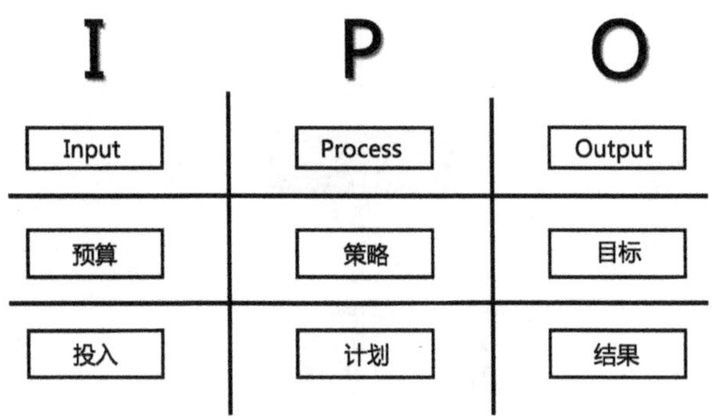

图 6.1　IPO

目标指向的是 O，预算指向的是 I，I 是投入，O 是结果。请大家想一想两个问题：

- 先有目标还是先有预算？
- 先有投入还是先有结果？

理顺了这个关系，我们就会发现讨厌的阶段偏差是怎么发生的了。

- 先有目标，只有定好了企业的战略目标，才能制定策略，制定完策略，才能做出策略执行需要的预算。
- 有了预算，企业就开始进行各种人力物力资源费用的投入，进一步开展的工作就是策略执行的步骤，也就是编制计划，最后执行计划，得到产出，也就是结果。

所以我们得到的结论是：先有目标再有预算，先有投入再有结果。

很多企业遇到的问题是目标也制定了，预算也测算出来了，企业也愿意进行各种人力物力资源费用的投入，该投入的都投入了，但是希望达到的结果却没有出来，也就是没有达到我们制定的目标。这对于企业老板来说是非常懊恼的事情，对目标的责任人来说更是非常恐惧的问题，无法向老板交代啊！

在这种情况下，目标的责任人要如何和老板沟通呢？肯定要找理由找原因，总不能直接承认是自己失职吧，总要想办法解决这个阶段偏差吧。那找理由找原因的目的是什么呢？一般有两个诉求。第一个诉求是希望老板能降低下一阶段的目标，第二个诉求是希望老板能增加预算、增加投入。

很多企业老板这个时候其实从决策的角度来讲会处于进退两难的阶段，他们其实是最大的受伤者：你们要的资源费用我统统都投入了，之前定的目标你们也认可，现在没有达成目标你们就来找我诉苦，找我抱怨。降低目标将大大影响企业的战略方向，影响员工的信心，这是非常不可取的办法；增加预算对企业老板来说也非常痛苦，一切都是为了生意，做生意都是为了利润，投入的越多利润越少，这对于任何一个老板来说都是非常不愿意看到的；但是不增加预算目标就更完不成，所以大部分时候老板最终都还是妥协了目标是不能降低的，但增加了一部分预算，利润少了，但至少还有利润，完不成目标就根本没有利润。

可是就算增加了一部分预算，该投入的又投入进去了，目标就保证一定能完成吗？这又不一定。结果目标责任人又来找老板诉苦抱怨，还是那两个诉求，要不降低下一阶段目标，要不增加预算，导致恶性循环。投入的越来越多，目标与结果却一直都存在偏差。

现在我们就能发现这个阶段偏差是怎么产生的了。这个偏差产生的原因就是目标和预算之间的分离。

目标是从上级往基层来制定的，也就是企业的领导人根据各个部门的情况来制定的；而预算是各部门各岗位站在自己的角度去测算申请的，各部门各岗位在申请这个预算时要多要少完全凭借自己的测算和预计需要投入的费用，与管理层设定的目标没有直接的关联关系，是为了要预算而要预算。因此这个阶段偏差构成的主要原因就是目标和预算之间缺少策略与计划的连接。

笔者通常的做法是设定目标后就直接从目标来测算预算，现在下一阶段需要做的事情就是 P2 二级问题章节提到的，找到目标的驱动要素。

制定预算

我们前面提到的某通信营业厅，基于它的目标的结果是 1200 万元。

第一步：确定驱动要素

我们要把结果分解成三大驱动要素，前面已经分析过了，驱动要素如下：

- 进店数；
- 进店人数转化率；
- 阿布值（Average Revenue Per User，ARPU 即每个客户的消费额）。

第二步：测量数据偏差

这三个驱动要素都有现状值和目标值，三个目标值构成了我们最终的目标结果值。接下来要达成这三个驱动要素的目标值，就要制定相应的策略，并且通过矩阵分析法找到最佳策略。

第三步：匹配策略和计划

找到最佳的策略，接下来制订策略匹配的具体计划，清晰地描述具体的人、时间、地点、动作。

第四步：根据计划制定预算

根据以上计划制定预算，不同的策略会带来不同的计划，不同的计划会带来不同的预算。这个预算不是各部门、各岗位拍脑袋的，也不是大致根据目标制定一个百分比测算的，而是根据需要做的具体工作计算出来的，是相对精确的。

因此，预算跟着计划走，计划跟着策略走，策略跟着问题走！

再来看看我们通常的做法是目标直接到预算，这在制定的时候就已经可以预测到肯定会出现偏差，因为目标和预算之间缺少了相应的策略和计划。

因此就得出我们上面得出的结论：阶段偏差产生的原因是目标和预算之间缺少策略和计划的设计与执行！

所以在做管理改进实施的过程中，制定的预算是和具体的计划有直接的关联关系的。如何去消除这个讨厌的阶段偏差？其实就是来自具体的计划推进过程中，计划设计的有效性和预算与计划的匹配度。

这种阶段偏差在企业中普遍存在，每个阶段都会存在，通常的做法就是要不就降低目标值，要不就增加预算，一次一次地修改调整预算，目标责任人一次次地来找老板诉苦，指出大环境不好，客户挑剔，竞争对手费用高等，老板一次次从希望到失望，从失望到愤怒，从愤怒到绝望，一次次心痛！

因此若要解决这个问题，就需要站在企业管理者的高度，用系统思考的方法，去考虑整个公司的发展问题！而管理是复杂的、系统的、逻辑的和关联的。笔者建议大家都要系统思考，并成立专门的小组、正式立项、在领导的带领下，多部门协同工作。

成立管理改进小组

作为企业的管理者和目标的责任人都希望消除这个阶段偏差，由此各个部门成立了管理改进小组来完成这个工作。

成立管理改进小组，需要以下六个角色来进行协同合作：领导人、协调人、责任人、小组组员、改进教练、督导（见图 6.2）。

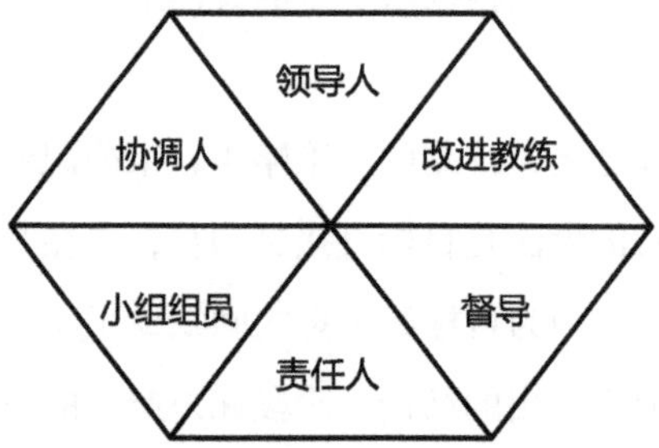

图 6.2　改进小组角色

领导人

也是发起人，一般是由公司的管理者，企业的董事长、总经理或者授权的分管副总经理作为发起人。参与结果性的一级问题的讨论，对一级问题达成共识，去审核驱动性的二级问题，并且关注二级问题的过程和结果，支持管理改进中的政策优化和资源的供给。

协调人

一般是指企业的人力资源部、行政部或者运营部的负责人来承担。协调人主要负责人整个项目过程当中的人员进行召集和协调，并记录管理改进的发展过程。

小组组员

一般是由企业各部门的员工，他们是围绕二级、三级问题，贡献个人的经验和精力，参与项目的研讨和分析，提供有价值的建议；选拔的成员，必须有一定的工作经验，并且对于工作内容经常反思，有一定思想的、有创新精神的、有管理思路的员工；他们可以提供一些有价值的建议。

责任人

一般是指企业中各部门的负责人，对二级和三级问题的解决负最终责任，负责管理改进项目的目标设定、规则设计、推进秩序、奖惩制度制定执行并兑现等工作。

督导

一般是由企业的运营负责人或者人力资源部相关人员担任。

对管理改进项目的行动计划进行过程追踪和对结果进行记录，收集、测量、分析过程和结果数据，并定期对企业管理者进行结果的上报。同时负责对管理改进小组奖惩制度执行的监督。

改进教练

一般是由内部的经过授权认证的或者外部的专业顾问来担任。他们来负责管理改进项目的过程设计与研讨的组织，并参与制度流程优化、知识技能培训等辅助工作。

顾问不仅要学习过管理改进的技术，而且必须有过参与多个管理改进项目的经验，这样才能够有效把握管理改进中的方法和原则。

总之，这六个角色在实际的管理改进项目当中需要相互支持和配合，缺一不可，保障项目顺利开展和持续执行。

除了确定管理改进小组的六个角色，并进行分工，还需要对这个虚拟小组制定相关的执行标准、奖惩制度等，目的都是为了保证管理改进项目的有序推进，达到组织的目标。

除此以外，为了准确地传达和沟通，需要定期举办相应的项目协调会。

在一个项目启动之前，要对项目的目标进行确定，要举办相关的沟通会议，目的就传达项目的目标，并让所有项目成员在项目目标、方法、利益上达成共识。

管理改进小组的挑战

在管理改进过程当中，有可能还会遇到一些特殊的情况需要我们灵活处理：

工学矛盾

日常工作和管理改进技术学习存在矛盾。因为在做管理改进的前期，对于参与的管理层和员工而言，既要参加管理改进理论和方法的学习，又要进行日常的工作，这对他们来说有很大的挑战。不论什么企业都不会让员工丢掉工作，只进行管理改进小组的学习与工作。最好的模式也只是稍微减少了一部分的工作量，但与整个管理改进项目的推进相比，还是大大地增加了他们的工作量。

所以在这种情况下，要解决工学矛盾，管理者和领导人要强调管理改进的重要性，短期的学习、探索和实践是为了回到科学合理的管理轨道上来，让企业回归管理的本质，管理改进、改革会对企业长期管理起到革命性的作用。所以团队成员一定要有效地安排好日常的工作，有充足的时间参与到管理改进项目的推动中来。

员工的不理解

管理改进小组的成员很多不明白为什么要进行管理改进？而他们为什么要学习并参与到管理改进项目中？

管理改进系统对管理的思路、管理的行为、管理的推进和评估都有很大的价值，这些都是高层可以看得到摸得着的。对于领导人和管理者而言，他们都能体会到这一套系统和方法能够给他们带来价值。

但是参与的基层员工不一定能够理解。对他们日常工作来说，增加了大量的数据测量与统计的工作，这又是他们原来所不习惯的，他们体会不到管理改进的价值，所以可能会提出一些异议，关于管理改进项目对他们而言产生的价值是什么？

因此要推动他们去理解管理改进系统对他们未来的成长，特别是将来如果有可能成长为管理工作者所带来的价值。同时领导人和责任人要及时了解员工的心理变化，加强鼓励，最好在管理改进小组成立之初就确定好奖惩制度，并坚决执行，奖要大于罚，才能调动员工积极性，必要时可以辅助物质激励等。要推动员工不断投入到项目中去，以达到管理目标。

数据的困扰

管理改进过程当中最大的障碍就是数据的完整性和数据的真实性。大部分企业都会缺乏系统化的、有关联性的，并且能够带来结果性的数据。

数据的采集、统计和分析也是很多企业管理者所不擅长的，很多企业甚至都没有专门的运营部门去做这部分工作，而是由相关业务部门的管理者或者随便招聘一个助手自行去制作，不论是从时间上、精力上、专业上都是不合适的。因此统计出来的数据是否具有价值？我们该如何去应对这种情况？

首先要强调数据统计的重要性，没有数据就是盲人走夜路，没有方向，没有标准。所以管理者和责任人要经常强调数据管理的重要性，把数据管理、绩效管理和绩效考核结合起来，用可测量的数据来评价员工的能力和绩效，从而强化数据管理在企业中的价值。

匮乏的知识

在项目推进过程中存在一些知识储备不够的障碍，还表现在一些关键策略和方法，大部分成员通常是按照自己的习惯，走老路，没有创新，无法贡献出更有价值的策略和方法。

跨界的作用被忽视

改进顾问是管理改进的问题和项目的责任人，在每一次进行研讨之前需要提前布置好任务，即给予成员一周或者半个月的时间提前去准备和挖掘需要解决的问题。甚至要让他们进行跨界的研究和跨界的学习，大量好的策略和方法往往不是从本行业，而是从其他行业激发和产生的。已经经过测量和证明行之有效的策略和方法，跨界学习和使用往往具有更好的效果。

总之，成立管理改进小组既是临时性的管理改进任务型的小组，又是完成组织目标的有效手段和方法。当一个组织能同时成立多个管理改进小组，就可以在年终举行管理改进的研讨大会，让每个小组都能围绕本年度本小组的管理改进项目的立项、定位、目标、方法、过程所遇到的障碍及解决问题的过程展开总结和研讨。多个管理改进小组的工作初见成效以后，也可以将这些小组统一归口在一个专门的管理改进部门之下，统一规划、整体部署、阶段完成。

总结与研讨不仅对各小组的管理改进进行总结和提炼，同时还能相互交流、相互学习，从而提升组织整体的管理改进文化和管理改进技能。

领导人的“约法三章”

成立管理改进小组后，为了保障整个项目的顺利进展及项目的有效性，达到预期的效果，必须对项目发起人，也就是领导人进行“约法三章”。

一个项目成败的关键往往取决于领导人的态度，这个态度主要体现在对这个项目的高度认同和坚持上，因此在项目前期需要领导人对项目有如下的基本承诺。

必须亲自了解管理改进的价值和意义

领导人要亲自了解并理解管理改进对企业战略发展的价值和意义。管理改进围绕的是组织的改进。什么是组织系统？这是我们需要首先清楚的定义。一个组织的系统是围绕以下三个点来展开的。

组织机制

组织机制是指组织的盈利模式和分配模式的建立。

盈利模式在管理改进中强调的是基于战略的各种业务的支撑的分析。在管理改进系统当中，本着一切均生意的原则，从客户端开始进行研究起，整个组织的生意模式到底是什么？是什么样的生意能够支撑起组织现在和未来的发展。后勤保障部门如何去创建属于自己的生意模式，从而去支持前端业务部门去创造价值，有效地服务客户，获得企业利润。所以，组织的盈利模式是一个系统的模式，从前端客户到后端支持部门，甚至到供应商，领导人要在整个价值链上对组织的盈利模式进行重新设计。

同样，组织中的分配模式也是非常重要的，领导人需要在关注各部门建立自己的盈利模式的同时，对利益分配系统进行梳理。每个部门在创造价值的同时也要获得利益。

利益分配的原则、手段、模式、比率、先后顺序都会影响组织的发展。因此，作为领导人，在参与到管理改进项目过程中如果能对组织的机制进行系统的梳理，去确定该不该的问题，会更加有效地优化管理改进的环境，提升管理改进参与者的信心和积极性。

组织能力

组织能力体现在三个方面：产品、流程标准、人才培养系统。

大部分企业是如何去理解核心的产品和服务的呢？我想大部分企业是把自己交付的产品理解为有形的产品。

一家生产销售手电筒的企业认为它们的产品是手电筒，而不同部门定义它们的产品是不一样的。生产部门提供的是手电筒，人力资源部提供的产品是合格的员工，销售部门提供的产品可能是合格的方案，质量管理部门提供的产品可能是隐患的消除。不同部门所交付的产品是不同的。

产品的交付不仅是产品本身，还有产品交付的流程和标准，同样构成了客户的整体体验。

因此，领导人更应该关注的是交付的过程，而不是交付产品本身，这是各个部门交付产品的标准和流程共同构成、共同负责的。

人才培养系统

人才培养系统是核心人才队伍的建立。

如果没有流程和标准，企业的人才培养就是经验的传递。企业通常都采用师傅带徒弟的方式，如果师傅没有标准、没有流程，培养员工的过程也会变得漫长，并且能力各异，无法满足企业快速成长所需要的大规模的高标准的人才需求。

因此人才培养系统是取决于组织的标准和流程的建立，从而通过快速地复制人才去提升组织的组织能力。

一个具有高效组织能力的企业，通常可以以更低的人力成本创造出更多的利润和收入。企业可以把更高的增量利润中的一部分作为奖励分配给员工，员工的整体收益自然也增多了，推动员工的积极性，从而有更多的员工愿意加入到企业当中来。当组织有新产品、新业务、新市场需要拓展的时候，也能找到更多独当一面的人才。

当团队成员都聚焦于发展与进取的时候，整个组织的氛围会变得更加积极和向上。由此带来组织留住人才的三个方面:待遇留人，事业留人，情感留人。

所以核心队伍的沉淀，就是强调组织发展过程当中，企业每开发一项新业务，首先都需要考虑是否有合适的领头人，而这些人才构成了企业脊梁，是企业核心人才，在关键时刻去支撑组织的发展，能够去协助组织在环境产生巨变的情况下，能够有效的变革、转型、升级。

要承诺对项目过程时刻关注并深度参与

管理改进是重塑组织领导力和执行力的过程，领导人的参与会提升员工积极性，保障项目的有序开展，消除员工的顾虑，积极稳妥地解决项目中存在的困难，从而达到预期的效果。

管理改进小组本身就是一个实验室，意义在于通过管理改进小组的试验，去识别、界定、寻找组织中存在的关键问题，影响到整个组织的效率。

领导的决策信息是100%，传递到中层只有70%，到基层又只剩70%，实际和领导的决策信息相比只有100%×70%×70%=49%，反之，从基层发生的问题100%向上传递，传递到中层只有70%，到高层又只剩中层的70%，实际最终从基层传递到高层的问题也只有49%（见图6.3）。

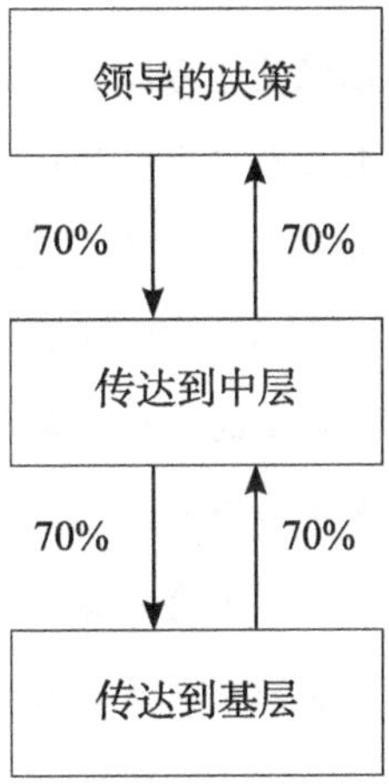

图6.3　决策与实施

从上面的分析可以得出，高层的一项决策，最终真正落地解决也就是49%×49%，大约是25%。

所以企业需要寻找这些关键问题，以识别这些关键问题来提高效率。可是企业又不能停止生产去做研究，需要在工作中去研究和学习，由此才产生管理改进小组。

管理改进对于领导人来说是极其重要的一项工作，通过管理改进小组能够研究、识别、确认组织当中的关键问题，然后反过来再推广和运用到整个组织当中，大大地提升组织的业绩和效率。

因此，企业领导人要非常重视关注项目，并进行深入参与。时刻关注才能知道项目进展，了解员工心理变化，追踪发现的问题；深度参与才能一起找到解决问题的办法，参与制度和流程的变更，参与策略计划的制订，最终达到业绩提升的目的。

对项目的推动始终保持积极的态度，保持，支持，坚持

在项目实施的过程当中，领导人的一言一行会对项目产生极大的影响。领导人不经意的一句话有时候关系到项目的成败。

曾经遇到一个客户，企业已经处于亏损状况，领导人一门心思在想着资产重组、寻找投资人等，没有从企业本身存在的问题来解决企业的现状。笔者团队进驻后，企业领导人也一直抱着将信将疑的态度，“这个项目你们就看着做吧，能做到什么程度就做到什么程度”，可想而知，企业的员工也完全没有把这个项目放在心上，严重影响了员工的积极性和配合度，导致项目推进非常缓慢、收效甚微。企业领导人在多次碰壁的情况下几乎绝望，在我们多次沟通强调并鼓励下，企业领导人最终从绝望中看到希望，下定决心来实施管理改进项目，很快就找到了企业的症结，最终实现了扭亏为盈，投资人也不期而遇。

这个案例告诉我们，领导人的态度和举措非常重要，仅仅关注项目还不够，仅仅参与项目还不够，你必须有一个积极的态度！

总之，管理改进项目因为是一个系统的过程，更是一个循序渐进过程，而在整个过程中由于领导人不经意的一句话，或者一些不合适的行为，导致员工对这个项目失去信心，或者是误解项目本来的含义，从而导致项目的失败，这都是一件非常令人遗憾的事情。

对于领导人而言，在认知上要提升对管理改进项目的理解，用积极的行为和语言鼓励员工投入到管理改进工作中。不论员工中存在多少质疑，一定要保持积极的态度。要以身作则，围绕各部门的关键问题在政策、资源、精神上大力支持。支持管理改进项目的不断推进，奖惩分明，坚持到底，直达结果，直达目标！

过程数据的真实性

管理改进的目的是实现战略目标，所以要不断验证策略和计划的可行性和正确性。但如果阶段的结果数据不准确，也就是过程数据不准确，是很难发现问题并做出调整的，或者说，将做出更加错误的调整。因此阶段数据、过程数据的准确就尤为重要。

为保证结果数据的真实、有效、完整，过程数据必须也是真实、有效、完整的，具体操作方法如下。

计划执行需要把任务分解到最小单位，按最小统计时间填报。个人需要按天填报，按周或月统计，每周或每月（根据各业务单位的经营规则）的过程数据和目标值进行对比，才能及时发现阶段偏差，及时发现策略或计划中存在的问题。如果不监控过程数据，等到结果值已产生才发现问题，此时战略目标已经很难完成，也基本没有补救的时间。

管理改进小组配套的制度和奖惩政策必须要求员工包括责任人对填报的数据负责，一旦发现虚报数据严格执行奖惩制度。奖惩制度在管理改进小组的工作中尤为重要，既是领导人支持项目的策略，也是保证项目顺利执行的法宝。管理改进是个长期的过程，数据的获取也是一个长期且艰巨的工作，半途而废则项目必败，所以项目数据的真实性、准确性尤为重要，只有通过制定奖惩制度并坚持执行，员工才能有高效的配合度，才能积极推进项目，完成计划和策略，收集、整理、分析准确真实的数据，最终提升我们的业绩。

IPO改进复盘法

复盘是象棋中的术语，管理改进小组要对计划实施的结果进行复盘，复盘的目的是什么？

联想最早引入“复盘”是在 20 世纪 80 年代,那时候更多的叫法是“总结”,但做法类似于复盘,强调目的性强、退出画面、看画面等。柳传志正式提出“复盘”这个词是在 2001 年联想投资公司成立的时候，在 2006 年联想文化作用机制报告中明确把方法论作为联想核心价值观的一部分，其中复盘是联想重要方法论之一。这个过程不是一蹴而就的，而是从上到下、层层扩散的过程。

复盘是联想成长和团队提升能力的重要工具，柳传志说过：“学习能力是什么呢？不断地总结,打一次仗,经常地‘复盘’,把怎么打的边界条件都弄清楚,一次次总结以后，自然水平越来越高，这实际上算是智慧，已经超出了聪明的范围。”

IPO 复盘法将围绕目标、预算、策略、计划、投入和结果六个方面的比对来进行业绩过程的回顾和改进，步骤如下。

第一步：评估目标和结果的差距

部门责任人首先要说清楚一级问题的目标和结果之间的差距，然后分析差距是由哪几个二级问题的差距构成的，这样的差距会给一级问题的短期、中期和长期带来什么样的影响？该差距会对其他部门的生意结果造成什么样的正面和负面的后果？同时这样的结果会对员工、客户和供应商产生什么样的业绩影响？

第二步：反思策略和计划执行的偏差

回顾上一阶段确定并选择最佳策略的过程，在具体实施中发生了什么？策略意图实现了没有？有哪些原因导致了策略意图的变形？当初设计预案了吗？预案启动后又发生了什么？是策略还是计划执行导致的偏差？计划中的哪几步产生了偏差？是什么原因造成了计划执行不力？接下来如何保证策略和计划的顺利推进？

第三步：统计预算和投入误差

回顾当初预算的制定过程，评估预算的科学性和合理性，投入是超过了预算还是低于预算？造成预算误差的原因分别是什么？接下来如何调整预算和投入？

第四步：将经过验证的经验和教训转化为流程的细节

细节决定成败，细节藏于标准，组织的成熟取决于企业长期的知识和智慧的有效沉淀，这个沉淀的载体就是流程中的细节。策略在没有经过验证之前都称为“假设”，经过验证了才能转化为企业的知识和智慧。如果能够将每次月度总结后的经验和教训转化成流程中的细节，日积月累，企业就具有了强大的组织智慧，对组织复制和人员培养起到巨大作用。

针对 IPO 改进复盘的周期，越是不成熟的团队，复盘的周期就越短，新的刚刚组建的团队可以采用每日复盘法，与责任人共同讨论今天的目标、过程、结果、费用，明天的计划、预算。每日一复盘推动团队的责任人进行全面的、系统的、持续的思考，经过阶段辅导后可以每周复盘，成熟团队可以一个月复盘一次。

相对于常规的管理，公司级对部门级的复盘为每个月一次，部门级负责人对基层的复盘应该是每周，主管对新员工的复盘可能是每天。

不可缺失的“过程专家”

在改进项目推进过程中，需要“改进顾问”这样的角色。一个项目能够成功，取决于改进顾问和企业内部团队之间的通力合作，很多人会质疑：你们顾问并没有在我们这个行业工作过，对现状也不够了解，你们凭什么来帮助我们解决问题、改进业绩？在这里，需要提出“内容专家”和“过程专家”两个概念。

管理者在某个行业工作很多年，对这个行业的政策、产品、市场、人员、技术等方面都形成了自己的深厚经验和感觉，他们可以称为这个行业的专家，只是我们通常把他们定义成“内容专家”，因为这些行业经验和感觉都是过去形成的，他们能够基于过去的经验和感觉来应付眼前的麻烦。但是面对未来的麻烦，他们却不具备相应的经验和感觉，要应付未来的麻烦需要和另一个专家进行合作，我们称之为“过程专家”。什么叫过程专家？是指那些不依赖于某个行业经验和感觉，面对新的市场、新的客户、做新的产品、带领新的团队也能够有效地从现状做到结果的专家。过程专家依靠的是过程系统、过程逻辑、过程原则以及过程理念等。

第 7 章

评估E：评估改进效果

评估的基础：回归“人性”

一切均生意

所有的投入，都要有产出。

我们要对我们的绩效方案，进行过程性的评估和结果性的评估，这些评估不仅可以验证我们的方案、计划的有效性，而且可以加强参与者的信心和相关领导者的“发心”，能够推动我们的管理改进，在企业中生根发芽了。

能够让更多的人有信心、有热情、有愿望成为管理改进顾问，并且不断地发起更多的管理改进项目，推动整个组织健康持续稳定的发展。所以绩效评估不仅是业绩评估的需求，也是我们每个阶段增进改进的动力。

做事的科学，做人的哲学

在业绩评估的时候，我们往往会发现评估效果并不好。到底是重点评估做事的对错还是评估做人的优劣？很多时候是因为人没做对，导致事没做成。所以，仅仅评估做事是不够的，首先要从做人的角度去评估，越往基层走，越要关注做事过程的评估，越往高层走，越需要关注做人反思的评估。

做人的哲学评估如表 7.1 所示。

表 7.1　做人的哲学评估

内　　容	关注点	评估点
精神追求	要到哪里去	企业愿景
角色属性	我是谁？为了谁	企业使命和战略
价值观	什么是最重要的	企业价值观

做事的科学评估如表7.2所示。

表7.2 做事的科学评估

内　容	关注点	评估点
能力	能不能	胜任力模型
行为	做不做	标准操作程序
环境	许不许	制度和政策

神性：敬畏探索

我们对神性的理解是敬畏和探索，所有美好的事物都包含了神性，这里的神性也是“精气神”的神，是管理改进的灵魂所在，管理改进也就是修身。

古人云“修身齐家治国平天下”，一切是为了什么呢？万法归宗，都是为了修身，修身就是为了修行，就是为了让我们的内心更加安逸，让我们的工作更加顺畅，让我们的生活更加幸福快乐。修身修的是心性。

王阳明在蛮荒的龙场悟出了“圣人之道，吾性自足”，即人人皆有良知。而在血腥的沙场和险恶的朝堂，让龙场悟道实际发挥作用的是“知行合一”。

稻盛和夫说：“修炼心性，拓展经营。”

敬畏，是来自对自然、对承诺、对规则、对生命的敬畏。所谓“人在做，天在看，举头三尺有神灵”，每个人都拥有自己的原则和底线，然后成为一个内心高贵的人。用内心的高贵去驱动自己的行为。无论在人多的地方还是独处，不可以违背自己的原则和底线去做事。

同时我们要对未来、对无论是事业还是人类社会未来的发展，都要有探索心。我们要敢于创新，敢于创造。敢于让自己、让他人，能够拥有更好的价值。拥有这样一种神性的追求，那种兽性的贪婪和恐惧就会慢慢地被修炼掉。工作就是一场修炼，生活也是一场修炼。

人性：守本、真心

人性化的特点就是守本、真心。人性化强调的是，作为人，我们应该追求什么？应该遵循什么？应该思考什么？作为人，我们应该安守什么本分？我们应该对别人、对自己、对社会、对组织保持一种真诚的、自在的状态。

稻盛和夫说过，从人性化的角度出发，我们思考任何问题的起点，都要回到“作为人，何为正确”上，从小到大，我们接受的教育就包含了勇敢、真诚、感恩、孝敬、关爱、慎独、担当、反思、守信等优良品质。面对客户，我们要坚守长期的承诺；面对员工，我们要成为合作伙伴，而不是把他当作牟利的工具；面对自我的内心，我们要常反思、常精进，回到一个“真”字，才能够真诚地面对他人，能够真实地面对这个社会，能够简单地去表达自己，成为有尊严的管理者。

企业家能不能引导员工去回归人性化状态，自己要先表率。通过守本真心的认知，让组织中每个责任人都能够成为自己工作的主人，自己设定目标、统计测量数据、获得真实的数据。用真实的数据来改进下一步的策略、计划和行动，从而去改进结果，因为我们每个人都是管理改进的责任人。

兽性：贪婪和恐惧

我们发现有很多企业的管理者，做管理改进和绩效管理工作的时候，很容易偏向于“兽性化”，兽性化表现为贪婪和恐惧两个方面。管理者通常采用胡萝卜加大棒的手法，胡萝卜容易激发员工的“贪婪心”，而大棒容易激发员工的“恐惧心”，简单粗暴的管理方式，经常将曾经优秀的年轻人培养成“白眼狼”，终有一天，他们会离我们而去，说我们的坏话、挖我们的墙脚、损我们的品牌。面对这样的员工，作为管理者，需要的不是抱怨和反击，而是反思自己当初面对这些员工时的发心。我们不仅要给客户提供更好的产品和服务，还要为社会培养更多具有优良人格的员工队伍，这也是管理者的使命与责任。

谁更需要管理改进

谁更需要管理改进？是我们每个管理者自己，不同阶段需要不同方式。

人性、兽性和神性没有褒贬之分。因为三者都是人的自然的存在，关于“人之初，性本善还是性本恶”的话题争论了很多年，真相是“人之初，善恶同在”，人是环境的动物，后天的环境会更多地激发人的善意或者恶意，因此人生就是一场修炼，是指每个人都需要在生活工作过程中，在不同的环境下来认知自我和外部环境的关系，从而能够平衡内心中三者之间的比例。

当新员工进入公司，我们需要鼓励或保护他们的兽性，对于员工而言，完成自己的绩效目标就是对团队最大的贡献，因为他们为了自己和家庭的利益而拼搏原本就是天经地义的事情，引导他们形成阳光积极进取之心和斗志，会成为年轻人的优良品质。

当员工成长为管理者，我们要推动大家从利他的角度，去帮助别人创造价值。但是我们看到很多管理者，也是从英雄式的员工成长起来的，成为管理者之后，却没有进行有效的升级和转型，还是停留在“利己”的角度思考和做事。虽然他们同样能够创造很好的业绩，获取高额的利益，也能够获得别人的佩服，却很难获得他人的尊重。管理者需要通过帮助他人的发展来成就自己，所谓“大家好，才是真的好”，如果管理者没有转型成功，他的发展道路也将面临巨大的挑战。

到了高层，我们需要围绕更广泛的利益相关者，为他们谋取更长久的利益和价值，所以就需要有更高的境界和认知，不能计算小账。过去有付出就有回报，到了高层，付出了不一定就有回报，甚至还会遇到曲解和误解，管理者需要把这些看作自我修炼的过程，以精神的力量来修炼自我高贵的内心，才能成为一盏灯照亮更多的人。

关于组织中的“神性”、“人性”和“兽性”，重要的是要找到管理者管理改进的发心，因为你心在哪里，这个力量也就在哪里。

问题结果性评估：从结果到动作

一切均生意，要及时对生意的过程和结果进行评估。评估不仅为了奖惩，还是为了改进绩效。

从管理改进设计之初，我们就要开始进行评估的规划。每个责任人面对战略目标都要设计这些问题：要达到的战略结果是什么？战略结果需要哪些职能结果来支撑？责任人是谁？达成职能的结果分别需要哪些驱动要素来实现？如何测量且统计这些数据？哪些策略是最佳策略？要实现的关键动作有哪些？计划如何匹配这些策略和问题？如何及时发现它们的关系偏差？

只有这样，后面的评估才显得有价值。因为评估不是目的，评估是支持持续改进的一种手段，包括过程性评估和结果性评估。过程性评估比结果性评估更加重要，因为过程性评估是计划实施之前和之中的评估，对策略和计划的修正还具有积极的意义，结果性评估是计划实施之后的评估，对于结果性评估的结论，更多的只能是面对和接受了。

评估从设计开始，设计步骤如下。

P1 阶段，一级问题，对结果的评估

这个结果是客户需要的。通过多、快、好、省的价值导向，能做到一切都要量化评估（见表 7.3）。当前没有能够量化的，不是不能量化，而是没有找到量化的方法。

表 7.3　一级问题量化评估

一级问题属性	评估方式	评估周期	评估主体
规模：多	用绝对值量化	年、月、周	主管评估
效率：快	用时间值量化	年、月、周	客户评估
质量：好	用比率值量化	年、月、周	客户评估
成本：省	用绝对值或比率值量化	年、月、周	财务评估

好、快、省都可以转化成标准，作为“多”的定语。所以在设计的时候，就要确定“多”的目标和“快、好、省”的标准。

P2 阶段，二级问题，对驱动要素的评估

驱动要素最重要的特点是“SCRM”。这与评估有什么关系呢？

S 是稳定，让数据有个对比评估的可能性。如果没有稳定的数据，长期评估的这种对比关系就无法确定。

C 是可控制，找到了评估的主体，谁是主要责任人？评估谁？

R 是结果导向，驱动要素评估的结果要与一级问题的结果有关联性、指向性。

M 是可衡量，能够对所有的驱动要素进行衡量和评估。

一级问题和二级问题的评估为结果性评估的内容，前者是对职能绩效结果进行衡量，后者是对驱动要素结果进行衡量。

P3 阶段，三级问题，对动作的评估

三级问题的评估有两个目的：一是评估出三级问题的动作偏差，从而找到关键的动作，为下一步改进策略的调整提供输入；二是根据三级问题的动作标准进行评估，找到团队或员工存在的动作偏差，从而确定团队或员工的能力差距点，为下一步发展团队或员工能力提供输入。

策略改进评估的举例

围绕“潜在客户数”的二级问题，销售部策略改进评估如表 7.4 所示。

表 7.4 策略改进评估

部门级动作	1 收集信息	2 符合标准	3 有效接触	4 获得认可	5 有效登记
指标	200 个	80%	40%	30%	95%
实际值	200 个	85%	30%	32%	95%

能力改进评估的举例

根据部门级的动作目标，再结合员工人数和资源现状，将部门级的动作目标分解给各个员工，成为他们下一阶段工作的动作目标（见表 7.5）。

表 7.5 能力改进评估

部门级动作目标	1 收集信息	2 符合标准	3 有效接触	4 获得认可	5 有效登记
	554 个	442 个	177 个	53 个	50 个
A 员工	230	184	74	23	22
A 实际值	245	192	75	25	23
B 员工	139	111	45	13	12
B 实际值	145	116	46	14	13
C 员工	110	85	34	11	10
C 实际值	110	85	28	10	9
D 员工	90	72	29	9	7
D 实际值	95	75	18	6	4

注：实际工作中，为了保证目标的完成，管理者在分解目标时，每个员工的目标加总后超过管理者设定的目标数。

根据以上的数据表明，C、D 两位员工在解决“潜在客户数”这个二级问题时，“有效接触”这个动作全部不达标，而 A、B 两位员工“有效接触”这个动作却能够超额达标。这说明 C、D 两位员工在“有效接触”这个动作上的能力需要提高，管理者要专门针对他们的这个能力进行重点关注和培养，只有这个能力提升了，他们的“潜在客户数”的绩效才能够确保提高。

执行过程性的评估

评估策略

找到正确的问题之后，接下来要寻找最佳的路径。在寻找最佳路径的过程中，评估路径的正确性，需要在选择策略的时候进行有效评估。超越个人和组织的经验跨界学习；借鉴其他行业、其他的企业，在解决类似的问题时，他们采用了哪些创新型的策略能够为我们所用、启发我们的心智。

同时在多个测试当中，我们需要通过数据的评估、数据的观察、数据的测量、数据的比对，选择最有效的策略。最有效的策略选择原则就是投入和产出的比率。我们要选择那些投入最少的、但是产出最大的策略，能够成为我们下一步行为的依据。策略评估对业绩改进至关重要。因为好的方法，可以让我们的团队事半功倍，而差的方法能够让我们事倍功半。所以作为管理者，对于策略的选择需要提高到更高的层次上，更加重视策略选择的这个环节。一将无能，累死千军，就是指错误的方向和错误的策略，带来员工精力、资源和信心的消耗。

酒店婚宴开发策略评估

塞纳河畔酒店集团创建于1995年，现已发展为拥有十余家酒店、宾馆、休闲娱乐、文化旅游度假区等综合服务企业。旗下拥有塞纳河畔、桃花潭畔两大运营品牌，秉承“漫步塞纳河畔，品味美妙人生”的服务箴言，在“真、善、美”的核心价值观的引领下，塞纳河畔人一直努力让每位客人享受“诗意山水、仙境人生”的体验。其营业面积超过10万平方米，能够接待政府企事业单位大型会议、家庭宴会和各类散客。该酒店凭借特色主题婚宴的设计获得大量新人的青睐。为了获得更多婚宴的“潜在客户数”和更高的“成交转化率”，塞纳河畔酒店集团均会采用“婚博会”的策略，即运用集团旗下酒店场地优势，多店联动，联合婚嫁行业上下游合作伙伴，包括婚纱摄影、婚庆材料、婚庆公司等机构，共同举办盛大的“婚嫁博览会”，为即将举办婚礼的新人提供一揽子解决方案。

这样的策略实施数轮之后，应该如何对这个策略进行评估和改进呢？（见表7.6）

表 7.6 策略评估反思表

<table>
<tr><th>驱动问题</th><th>策　　略</th><th>评价</th><th>收集信息</th><th>符合标准</th><th>有效接触</th><th>获得认可</th><th>有效登记</th></tr>
<tr><td rowspan="4">××酒店将提升婚宴潜在客户数，从 600 组提升至 1000 组</td><td rowspan="2">联合婚嫁合作伙伴举办“婚博会”，为新人提供一揽子服务</td><td>评分</td><td>8</td><td>4</td><td>5</td><td>7</td><td>9</td></tr>
<tr><td>理由</td><td>通过多店联合，能够采集足够的信息</td><td>发出的入场券被家人或朋友代替参与</td><td>参加活动人数大于咨询力量，难以深度交流</td><td>经过现场体验和交流的客户认可率都比较高</td><td>通过礼品发放的方式均能够登记到准确信息</td></tr>
<tr><td rowspan="2">是否有更优策略</td><td>评分</td><td></td><td>7</td><td>8</td><td></td><td></td></tr>
<tr><td>理由</td><td></td><td colspan="2">采用电子邀请函，明确凭新人照片刷脸入场，将参加活动的新人分级服务，重点客户单独沟通，非重点客户集中交流</td><td></td><td></td></tr>
</table>

注：1. 以上的评分为 10 分制；2. 由团队进行评估。

通过以上的评估，发现“婚博会”的策略对“收集信息”、“获得认可”和“有效登记”三个方面效果非常明显。“符合标准”和“有效接触”两个方面的效果还不够，主要原因是大量新人获得邀请函之后，自己无法参与，则将邀请函转给家人或朋友，导致参与人员不精准；同时，现场人员超过千人，集中接待和沟通没有得到很好满足，被低价值客户消耗太多精力。经过改进后，优化措施有两个方面：① 采用电子邀请函，明确凭新人照片刷脸入场，从而减少代替参会的人员；② 将参加活动的新人分级服务，重点客户单独沟通，非重点客户集中交流，从而保证具有精准需求的客户能够得到充分的服务和交流，有利于成交。

评估计划

基于有效的策略是否会有有效的计划去支撑呢？

在整个步骤的评估方面同样也很重要，步骤的设计关键在于闭环。

设计的这些步骤，是否有准确的产出？是否有时间顺序？是否能够指向业务结果和管理策略？最重要的一点是，是否能够弥补当初的问题的偏差。通过这几个方面的评估，需要修正计划有效性。

酒店婚宴开发计划执行评估

塞纳河畔酒店集团在推进“婚博会”策略过程中，需要不断评估该策略在实施中能够达到既定的目标，不仅要满足本集团推动业务目标实现的需求，还要满足合作伙伴在活动中的收益，因此需要通过“六度策略组合”对行动计划进行评估。在吸引度方面，能够吸引新人客户、合作伙伴、员工等利益相关者积极参与；在意愿度方面，能够激发利益相关者持续的热情；在畅通度方面，活动流程的执行是否顺畅、可控、有效；在规范度方面，新老员工和合作伙伴在实施中是否有标准，保证客户体验的一致性；在推动度方面，如何能够保证面临突发事件时，团队的处理及时、恰当且专业。这些方面都需要持续评估，持续改进。

应该如何对这个策略的执行过程进行评估和改进呢？（见表 7.7）

表 7.7　计划执行评估表

策略（价值度）	计划要求	评　分	理　由	改进措施
联合婚嫁合作伙伴举办“婚博会”，为新人提供一揽子服务	吸引度	8	新人客户和合作伙伴对“婚博会”的参会都很积极	加大推广范围
	意愿度	7	超过 300 组新人客户主动来领取邀请函	推动新人转介绍，给双方共同积分
	畅通度	5	客户反映用餐环节比较无序	将自助餐设定三个区域，并分时供应
	规范度	4	填写信息领取奖品环节中信息不完整	将信息登记表中设定“必填项”发奖品
	推动度	7	接待过程比较顺利	保持并设计操作手册

注：1. 以上的评分为 10 分制；2. 由团队进行评估。

通过以上的计划执行评估，发现客户在用餐的环节比较无序，主要是因为就餐时间集中和人数众多，未来将午餐地点分为三个区域，通过就餐券的颜色将人群分流，同时，将就餐时间分为 2 ~ 3 个时段，先行入场并完成参观交流的人员引导提前就餐，从而保证就餐秩序更加流畅。另外，参加活动的人员在领取奖品时需要填写表格，但信息填写的完整性和准确性有待提高，经过改进，将登记表在电脑中设计“必填项”，填不准确无法出票，则无法发放奖品，从而提高信息填写的质量。

所以在标准评估当中，评估的几个方面如下：

一是评估员工的行为是否准确?

二是评估员工是否掌握了这一套标准?

三是评估标准是否匹配于新的环境、新的客户需求。

如果需要，甚至要对老的标准进行升级和修正，进一步支持员工在新的环境、新的客户需求变化下有行为方面的改进。

评估能力

员工是否具备某项工作的能力，是指他能否按照该工作的标准操作程序（SOP）来进行操作，SOP 中包含了三个要素。SOP 的宗旨指向的是该程序的认知能力，比如“与客户有效接触”的宗旨为“专业”，意味着在实施“与客户有效接触”时，员工要始终保持“专业”的认知。SOP 的步骤指向的是该程序的行为架构能力，每个员工在推动“与客户有效接触”时，要清楚地知道需要执行“预约、拜访、探询、澄清、记录”等基本架构步骤，才算完整地执行该 SOP。SOP 的标准指向的是该程序的行为实施能力，包含了每个执行步骤的最佳实践标准，对实践标准掌握和实施的程度，决定了员工的能力等级。

过程评估的要点

过程维度，员工每周或月的工作是否符合过程标准，需要按照驱动要素来进行评价。首先，按照该岗位的驱动要素设计一个合格员工的标准值；其次，对每个驱动要素的权重进行分配；最后，统计该员工的实际值。例如，酒店会议销售经理的过程评价标准如表 7.8 所示。

表 7.8　酒店会议销售经理的过程评价标准

驱动要素	标　准	权　重	实际值	计　分
潜在客户数	20 个	30%	24 个	0.36
一次成交率	50%	30%	60%	0.36

续表

驱动要素	标　准	权　重	实际值	计　分
潜在客户数	4 次	10%	5 次	0.125
合作转化率	50%	10%	60%	0.12
次均参会人数	50 个	10%	80 个	0.16
人均消费额	500 元	10%	650 元	0.13
合计				1.255

根据以上的核算，该员工的分数为 1.255 分，如此对“合格的员工”梳理，也能够适用于其他的部门和岗位。

结果性的评估

一切的改进，都要用结果来证明

结果性的评估，又分为长期结果和短期结果两部分。

长期结果就要用组织的战略和部门的一级问题来进行评估。要看组织的战略方向、战略目标是否能实现？每个部门及组织的战略所关注的一级问题是否能够有交代？

比如，基于战略需要，销售部门要交代的结果是销售额；生产部门要交代的结果是产能；人力资源部要交代的结果是合格的员工数；财务部门要交代的结果是低利率的融资额、采购部要交付的结果是采购成本低于多少的采购总额等。这些都要从长期的角度来评估每个部门是否能够实现长期的结果。在长期结果的评估当中，我们还要评估环境、政策、利益相关者对结果的一些影响，这些影响有多少会对结果产生作用。但是，评估的主体是这个结果的责任主体，控制这些影响和把握这些影响的程度也是责任人该做的事情。

所以，面对结果，各级管理者要遵循的一个重要原则就是：说到做到。不要去找理由、找原因、找借口，在承诺结果的时候，就要形成结果的严肃性。

结果是什么

第一，结果是支撑战略的重要支柱，如果这些部门的结果不能实现，整个战略就是一句空话！所以结果的承诺是很严肃、很重要的事情。

第二，结果就是一种承诺，对责任人而言，一旦结果承诺出来，就会形成接下来工作的一个核心部分，存在的价值就是为这个结果而努力，一切为了这个结果想办法。

第三，结果是不能随便修改的，因为一旦战略目标确定，各部门对结果进行承诺，往往是牵一发而动全身，任何一个部门结果的调整，都会影响到其他部门的结果目标。频繁的调整会严重影响到组织和团队的士气，即所谓的“一鼓作气、再而衰、三而竭”。所以，管理者在达成结果这个问题上，需要养成逢山开山、逢水搭桥的一往无前的亮剑精神！敢于挑战。

每个管理者的价值，要用结果来证明自己。所以长期结果的评估，是作为一个管理者能力高低的标准。中短期来说，小于一年的评估，难以评估结果，但要评估它的过程，即驱动结果的评估。最终的结果没有大的调整、变动，但是要看一个驱动性的问题有没有变化和调整。

一个门店，驱动性的问题是进店人数、接待人数、转化率、客单价等，这几个数据在中短期是否能够有相应的正向的变化？如果这个门店过去一年的进店人数持续下降，可以预见的是，如果不采取新的措施，这个门店的进店人数必将持续下滑，而且还会导致销售额下滑。若经过几个月的重新设计策略和计划，下滑的趋势将被止住，并且开始有上升的趋势。尽管短期业绩结果并没有大的变化，但是通过驱动性数据的变化趋势，有理由相信，这个门店接下来的生意必然会好转。

这就是评估驱动性短期结果的意义，所以抓结果不仅是抓长期的指标，还要抓中短期的驱动业绩。两手抓，才能保证结果完成的承诺。

第8章

GPS-IE管理改进系统™的意义与应用

组织能力的提升

战略的修正

通过管理改进的一套系统，可以提升整个战略实施当中的敏感度。如果没有整个过程的把控，战略的实施过程中，战略是否是正确的一直会困扰管理者和员工。如果没有管理改进系统，很容易出现的是，需要等战略实施的偏差已经产生之后，才可能去判断战略正确与否。战略误差产生之后再连续调整与修正则为时已晚。

而通过驱动性问题的设计、动作性问题的设计以及数据的评估，是可以提前捕捉到战略实施当中过程性的偏差，能够寻找到环境变化的要素、组织政策的要素、流程的要素，经过分析，合理确定战略的有效性，以便提前调整。是否调整是由中基层员工提出，经公司高层领导确定的。无论如何，通过这套系统，可以让员工在执行过程中面临的动向及时反馈到组织的高层，从而对高层战略的实施和修正提供及时性的信息和依据。

机制的调整

一个好的机制能够带来一个好的实施效果。不好的机制往往会成为组织执行的障碍。那么在执行的过程中，哪些机制是障碍？哪些机制是动力？在开始机制设计的时候，如果不是那么完美，在具体的实施过程中，通过共同愿景、共同利益的设计，是否符合当初的设计愿望和设计理念？

在实施过程中，随着环境的变化，是否需要调整一些机制。比如，业务的驱动发生了变化。从业务部门的驱动走向研发部门的驱动等的调整，机制是否需要及时调整？这一系统能够提醒高层去优化。

流程的优化

好的组织就是要提升客户价值、创造价值交换和价值分配等。因此流程的优化贯穿于管理改进的始终，要不断地去优化我们的能力，什么样的流程才是对的，一定是基于客户导向的、战略导向的、结果导向的目标去优化流程。

同时，优化流程的主体首先是来自基层员工的实践。他们在具体的管理改进实践中，在不断地落实任务、不断地接触客户的过程中，会面临大量的信息和挑战。基于这些信息和挑战，需要对组织的流程进行倒逼式的优化。

因此，通过一线的实践，推动部门级的流程优化任务时，管理者需要进行有选择的优化。选择对哪些流程进行优化、优化到什么程度、过程中遇到利益冲突的时候该怎么决策。这些方面都要基于系统中的原则。组织流程优化的评估，也是组织能力构建的一项重要工作。

人才的复制

组织的发展会有一个裂变的过程。从 1 个人到 10 个人、到 100 人、到 1000 人，需要具备人才复制的能力。否则人才的培养会成为组织成长最核心的障碍。那人才复制靠什么工具？靠的是一切以绩效为导向的人才培养体系。

人才培养体系的前提是需要有人才培养的标准、人才培养的流程。而人才培养的标准和流程又来自业务的标准和流程。那么在管理改进体系中，会不断对业务的标准和流程进行优化，为人才培养和复制提供技术依据。

另外人才复制是否有效还要匹配于驱动性的问题和战略的选择。基于战略，我们需要什么样的人？需要多少人？需要他们具备什么能力？基于战略的需要和驱动要素实现的需要，去评估人才的宽度、程度和速度。

管理者的转型：从“救火员”到“防火员”

关于管理者的责任，很多人会说是界定问题、分析问题、解决问题。其实，当我们这样认识的时候就已经为管理埋下了隐患。为什么？因为从界定问题、分析问题出发，说明问题已经产生。我们从已经产生的问题当中去界定、分析，其实为时已晚，只能做到亡羊补牢。同时，界定问题本身就说明我们的管理行为是滞后于问题的产生。我们总是追着问题，疲于奔命，不能系统地解决问题。

理念

从理念上，我们更应该做的是提前预防问题，我们要从一个救火员转变为防火员。

怎么才能成为一个防火员呢？在业绩改进中已经做了系统的介绍，就是设计、执行，是要基于整个系统，开始就要设计防控体系。

从战略目标开始，要对一级问题、二级问题，进行整体化的设计、测量。通过数据的测量，能及时发现整个企业和各部门在战略实施中的阶段性偏差，通过提前去掌控这些偏差，能够做到提前准备好预防措施和计划，从而消除问题的隐患以及隐患造成的事故。

能力

救火员和防火员的能力也是不一样的。救火员强调的是快速反应、叫之则来、来之能战、战之能胜，他的能力就在于快速反应。而防火员的能力更在于结果控制，更偏重于体系的设计、建设和问题的分析。所以对组织来说，既需要救火员去解决紧急性的问题，也需要防护员去设计指向未来的措施。

区分重要的、紧急的事

救火员和防火员能力的差距，就是需要区分紧急的事和重要的事之间的差距。

重要的事情指向未来，从组织发展长远的角度出发，实现组织的战略与愿景和使命。各部门到底要什么样的结果，才能支撑整个组织的战略实现。只有站在未来，我们才能跳出眼前的障碍，去设计未来，同时把愿景转化成可控制的驱动要素。

重要的事情都是基于未来，从紧急的角度来讲就是基于现在。我们当前有什么样的症状，碰到什么样的驱动问题，碰到了什么样的偏差，需要什么样的动作，需要设计什么样的策略计划，这些都是作为管理者重点要抓的事情。把紧急的事情授权给下属，自己思考重要的事情。

从重要的、紧急的角度出发，从比例上进行调整。比如当前我们重要的事情和紧急的事情是 3 ：7、下一年 5 ：5、再下一年 7 ：3，通过这一过程去提升我们对未来创造价值的防火型的管理机制，而不要把自己变成亲力亲为、立足于短期的救火员。

管理者的成长：回归五大责任

在企业人才发展中，培养高标准的过程专家式的经营人才和管理人才十分重要。总结起来，GPS-IE 管理改进系统™需要管理者掌握想、说、写、做、要五个动作。这五个方面，对核心的管理人才、经营人才、技术人才的成长至关重要，也是管理者责任的最高总结与回归。

想清楚关系

一位管理者能否想清楚组织发展中的多种关系，掌握了多种关系，才能够平衡地去处理各种矛盾。多种关系包括：组织中的人、财、物之间的关系；组织中的目标、现状、过去之间的关系；自我、员工和管理者之间的关系；今天的我和未来的我之间的关系；家庭中的我、工作中的我之间的关系。想清楚关系，能推动管理者更加系统地思考组织战略目标、阶段性的目标、短期的任务和结果之间的关系。只有想清楚关系，管理者的思维才是清晰、稳定、合理的。

对核心管理者的评估，主要是看在面对未来的规划中，他能否兼顾多种关系，从而评估他支撑未来发展的系统思考能力。

说清楚事实

管理者每天都要和大量的利益相关者进行沟通，沟通中包括陈述、表达、告知、探寻、确认等行为，同时还需要回应。管理者每天要面对老板、员工、客户、政府、合作者等多领域的交流、询问和质疑，那么管理者能否有效回应呢？这取决于管理者是否基于事实的角度出发去进行陈述和回应，如果管理者缺乏这样的能力，就会很容易给利益相关者造成前后逻辑矛盾、前后方向矛盾、前后情感矛盾、前后利益矛盾的印象，造成管理者影响力和领导力的下降。

用事实说话，可以弥补上述矛盾，凡事都以数据和事实来陈述和回应，就能保证管理者在任何场合，都经得起他人的质询，可以有理、有利、有节地从组织利益和合作者共赢的角度去表达自己的观点、回应他人的疑问。

说清楚事实，要评估管理者能否在多场合、多环境下坚持用数据和事实说话。

写清楚计划

无论是战略计划还是年度、月度计划，管理者都要站在管理的角度，推动团队计划的编写、实施和总结。计划的逻辑性是指从识别问题、分析原因、选择策略、实施步骤到结果评估，管理者能够把计划实施成功的一系列套路。评估管理者在计划能力上是否有缺失，从而帮助他们去提升计划能力。

做清楚过程

管理者和团队是否有有效的行为，则需要评估是否按计划实施。计划中碰到环境的变化，碰到其他要素的干扰，碰到一些客户的变化，管理者如何去调整战略，过程是否能始终保证战略导向、客户导向、结果导向，从而评估管理者做清楚过程的能力。

要清楚结果

要清楚结果，评估的是管理者的坚守能力。一位有原则的管理者，区分取与舍、进与退、多与少是一个基本原则，而坚守这些原则，是一位管理者能否推动团队获得结果的重要保障。战略的游离、问题的游离、策略的游离、步骤的游离，都会带来结果的损失。所以管理者要有坚定的目标信念，要坚定地推动团队走向长期的业绩结果和短期的驱动结果。

全新绩效管理TM（见图8.1）

KPI 的绩效管理体系有它的历史功绩，但实施过程中，人力资源部的作用和角色往往出现很多问题。原因在于，人力资源部“不懂业务”，很难把控业务部门的绩效指标。因此在每年年初，制定每个部门考核指标的时候，往往依靠每个部门的自我申报或多方收集，然后人力资源部报请公司高层认可，基本上是承担“二传手”的角色，有时也提供一些基于历史数据的参考意见。在与业务部门的沟通过程中，很难占据主动权，并提供令业务部门信服的意见和建议。

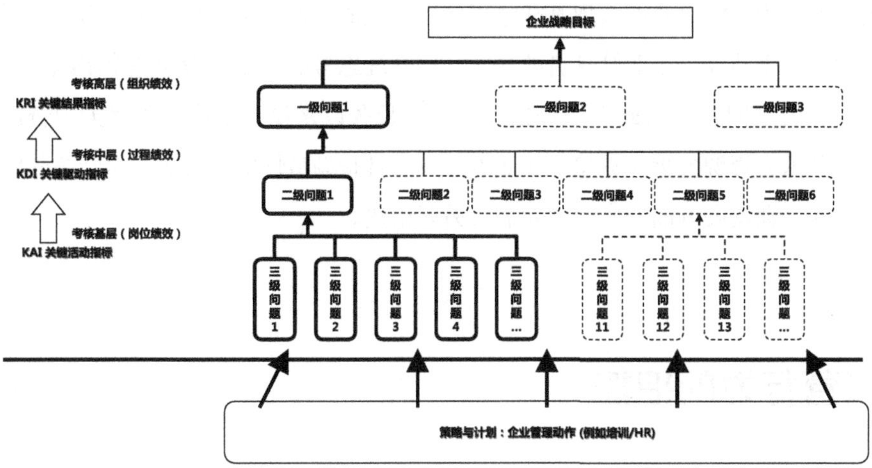

图 8.1　全新绩效管理™的新逻辑

而要求人力资源部“懂业务”也很难做到，因为“懂业务”基本上要求人力资源从业者成为内容专家。前面讲过，成为内容专家需要长时间实践经验的积累。我们应当成为过程专家而非内容专家。

由于 KPI 的考核指标大多是从结果到结果，其间即使有些过程指标，也很难建立量化的逻辑关系，因此就有了“猫捉老鼠”的游戏，以及在考核季节到来的时候，人力资源的一些平衡方法，包括正态分布、轮流坐庄、硬性分配、未来承诺等，使得很多被考核者心里不服气，但又不明说，因此会用下一个年度去证明你对我的考核是错的。至此，周而复始，产生恶性循环。

因此，考核指标的逻辑性就显得极为重要。有了逻辑性，就可以做到透明和公平。我们不再使用单一的 KPI，而是根据一、二、三级问题，设定关键结果指标（Key Result Indicator，KRI）、关键驱动指标（Key Driver Indicator，KDI）、关键活动指标（Key Activity Indicator，KAI），分别考核高、中、基层，做到各司其职、泾渭分明。这些指标的设立，解决了过去 KPI“大锅烩”的状况，以逻辑层次和清晰的量化关系，规定职责边界，考核起来也就较为轻松、合理。

特别说明一点，GPS-IE 理论当初不是为了解决企业 KPI 绩效考核而研发的，而是为了解决企业实现其战略指标而研发的。但这个系统面试之后，笔者发现，由于站在了企业管理者的高度，用系统思考的方法，考虑整个组织（公司）的发展问题，因此反而轻松地解决了长久以来没有解决的很多人力资源管理和人力资源发展（如培训）难题——而且是颠覆性的。关于在全新绩效管理™和培训发展方面的应用，我们会另著论述。

经营行为的把控

行为的改进

行为的改进是管理改进的核心，因为改进，就是通过改进行为去改变结果。行为的改进又要依靠什么呢？依靠有效的策略和计划，只有策略和计划的完善，才会有准确的行为。

执行的误区

从十多年前开始，很多企业就开始强调执行力，有很多执行力方面的课程和图书，大量的执行力都把焦点指向员工的执行、态度和员工的信心。但是这种行为是不可取的。你每天给员工打鸡血，每天教给员工学会有效的方法，正所谓“兵熊（雄）熊（雄）一个，将熊（雄）熊（雄）一窝”。

一位有效的指挥官形成有效的作战策略、作战标准和作战计划，就能够极大地提升整个组织和团队行动的有效性。不能在指挥员自己糊涂的前提下，而要求战士做出清晰准确的行为。只讲个人执行力，不讲组织执行力，就是这么多年以来中国企业关于执行力的误区。

执行行为

在管理改进过程中，强调的是组织的执行行为加上员工的执行行为。组织的执行行为强调的是“做正确的事”和“正确地做事”，由管理者负责识别真正的问题，并找到最佳的策略组合，而员工只管对“把事情做正确”负责。在事情不知道对与错的前提下、在不知道用什么方法的前提下，单方面地要求员工“把事情做正确”，只有软弱和无能的管理者，才会做出这样的期待和要求。

所以，在管理改进行为层面，强调的是组织体系。什么是正确的行为，什么是正确的策略，什么是正确的标准，什么是正确的个人行动。正确的策略来源就是看：是否找到、识别到正确的问题，以及是否找到了解决这个问题最佳的路径。

管理运营的全新杠杆：虚拟货币

实现“酬功不酬劳”的“虚拟运营”模式

“虚拟运营”模式是一种全体员工共同承担企业经营责任的运营模式。以GPS-IE管理改进系统™为理论基础，依据“一切均生意”的核心理念，进行“酬功不酬劳”的变革，将员工转化成与企业利益一致的“运营体”，从而促进企业目标达成，并且保障优秀员工的高额收益。

该模式是将企业年度经营目标虚拟货币化，分解整个工作流的价值链，实现“功”“劳”的区分,并提取可衡量的工作节点价值与之匹配,让“功”有价。全员皆可通过获得价值结果兑换相应的“虚拟货币”，共同承担完成企业经营目标的责任的运营模式。

该模式依据“以终为始”的设计思路，将通过深度分析业务流程，锁定承载价值的驱动要素和相应的有效动作，通过价值链分解为所有员工设立“虚拟经营”的资金池，鼓励员工通过自我“经营”（完成有效动作）取得“虚拟经营”的“虚拟货币”，公司将依据实际经营结果为员工兑换真实货币，从而实现重新分配。

“虚拟运营”模式的应用

“虚拟运营”模式通过“虚拟货币”的核算对相关责任人进行业绩评估、绩效核算、奖惩分配；也可以用于人员培养，目标分解，促进部门之间以及企业内外部合作，促进业绩达成。

“酬功不酬劳”分配机制的建立，实现了没有价值结果就没有收益，使员工收益真正与其创造的价值对应，保障优秀员工的高额收益，自然形成“优胜劣汰”的内部环境。

“虚拟运营”模式让员工成为与企业利益一致的“运营体”，真正实现“管理无层级，经营无边界”，为所有员工开启直接参与经营的通路，并且可以精准地核算各业务单元、部门乃至员工个人的价值贡献。

“虚拟运营”模式多层次保障战略落地，可以引导战略、经营目标与日常工作的结合；多种虚拟货币兑现机制，实现全面管控和员工积极性调动，并且指导、促进工作流和制度的优化，提升运营效率。

“虚拟运营”通过区分“虚拟货币”的功能指向，可以平衡地推进企业战略的落地，是实现企业战略意图的最佳模式。

学习与发展（含培训）

人才发展一直被企业认为是核心发展的动力之一。GPS-IE 管理改进系统

™非常强调做事的科学性与逻辑性，而做事的人的能力是做事效果的基本保障。因此，从这个角度来讲，人员能力至关重要。

管理改进主要培养的是核心经营人才和核心管理人才，同时可以把技术人才从内容专家转变成过程专家，从而成为专家型的技术人才和管理人才，满足企业发展的需要。同时，由于站在了企业管理者的高度，用系统思考的方法，考虑整个公司的发展问题；而不是只站在培训层面，想培训的事、讲培训的话、干培训的活，最后得到的只是培训的结果，而不是业务发展所需要的工作。因此，基于 GPS-IE 管理改进系统™的学习发展体系，就更加具有源于业务和回归业务、服务业务的特点。新的学习发展体系，从以下几个主要方面进行简要阐述。关于这方面的应用，我们亦会另著论述。

更加系统、精准的能力差距确认

GPS-IE 管理改进系统™让管理者和经营者站在了业务的高度，组织的一切管理行为，均以组织目标为导向，以结果为终点（一级问题），加以驱动要素（二级问题）和具体活动（三级问题），SOP（标准操作程序）是三级问题之后的具体行为的分解。由于有了非常具体和细化的行为描述，因此每个动作所需要的 KSA（知识、技能、态度）清晰可见，可以以能力清单的形式展现。这个清单上的所有知识（K）和能力（S）都是每个岗位要求其任职者所必须掌握的。每个员工个体，根据这个清单进行选择，就完成了员工的能力差距分析。“清单法”，标准化程度很高，非常的简单、实用，效率高，大大降低了沟通和调研的成本。

传统的培训需求调研手段，如访谈法（个人访谈和小组访谈）、岗位分析法（如 DACUM）、工作任务分析法、知识评估法（如考试）、观察法、360 度调研法、对标法、专家工作坊、名义小组法、素质评估法等，均可以不用或减少使用，其结果作为有效的参考和补充。实际上，如果 SOP 和 KSA 分析得到位的话，以上这些方法均可以省略，节省了大量时间和成本。

建立有逻辑的课程体系

有了 SOP，道出了每个动作的 KSA，就可以对每个 KSA 进行同类项合并，形成相关学习目标体系，最后形成进阶性的课程体系（见图 8.2）。

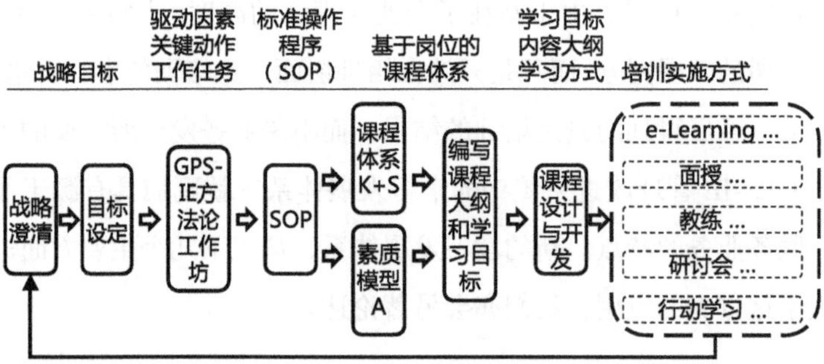

图 8.2　有逻辑的课程体系

这种课程体系开发方法，从一开始就具备了以组织目标和经营结果为导向的基因，其本身就是来自业务，因此就不用人力资源从业者再去与业务进行连接、做业务伙伴了（Business Partner，BP）。

全新课程设计与开发

课程设计与开发，学名叫教学系统设计（Instructional System Design，ISD），是企业培训工作和学校教育中一项不可或缺的、基础的专门技术。其最典型的模型，是 ADDIE 模型（Analysis 分析，Design 设计，Development 开发，Implementation 实施，Evaluation 评估）。其中令绝大多数专业课程设计师头痛的是需求分析。因为需求分析决定了该课程的一切，包括质量和效果，最终决定本课程是否有价值。

传统的主要培训需求分析法，包括如访谈法（个人访谈和小组访谈）、岗位分析法（如 DACUM）、工作任务分析法、知识评估法（如考试）、观察法、360 度调研法、对标法、专家工作坊、名义小组法、素质评估法，甚至申报法等。自从第二次世界大战以后现代培训时代开始以来，这些方法普遍运用。但是这些方法也造成了培训从业者的最大困惑来源之一——培训如何创造业务部门真正认可的价值。究其原因，这些方法还是较为主观，而不是真正从业务目标和业务承诺的角度出发。培训和人力资源从业者也尝试过各种的业务合作伙伴，但是很多年来也是效果甚微。究其原因还是站在培训 / 人力资源层面讲培训 / 人力资源，而不是一开始就从业务角度出发。究其根本，就是缺少一个更加系统、一贯到底的实现企业战略发展目标的方法论，因此不得不将培训和人力资源职能割裂开来。从笔者自身多年的从业经验来看，要想搞好培训，首先要忘掉培训！因为培训毕竟还是实现企业战略目标的一个策略而已。虽然有时候培训很重要，但是绝对不能再像过去几十年一样“自嗨”了；而是运用可靠、系统和逻辑的方法论，一切从实现组织战略目标出发。只有站得高，才能望得远。当我们站到一定高度的时候，当我们返回来再去从事原来的工作（如培训），我们反而会发现，过去原来很难的挑战和难题，却变得相对简单了。这就是系统、高度和逻辑的魅力。

知识管理

由于 GPS-IE 管理改进系统™一切以业务目标出发，用系统思考的方法，将组织的管理行为“串”起来，因此具有很强的实用性。企业的知识管理过去给人的印象是较虚，每家企业的做法又不尽相同，因此“看情况”的较多，行业内也没有统一的、大家都认同的知识管理解决方案。运用 GPS-IE 管理改进系统™，会让知识管理更加落地（具体内容会另著论述）。基于 GPS-IE 管理改进系统™的知识管理主要具备以下四个特点。

实践性。优秀的团队在实践中，问题的识别能力、制定方法和策略的能力、实施和推动的能力都要沉淀下来，不断总结经验，形成案例库。用现实的案例去教育企业现有员工，而不是用外国的、别人的、其他行业的案例去教育我们的员工。

匹配性。企业当前阶段、当前环境、当前目标需要的一些知识，什么知识才是最好的知识？就是能够为我们所用的知识，能够有用的知识，能够用上的知识。

适应性。在每个阶段，都需要有知识的更新和知识的调整。根据实践的需要，不断地提升知识的储备和范围，适应新的需要，如新员工、新客户、新供应商等。

可调整。组织的变化是无时不在的。组织的重大变革，无论是战略方向、盈利模式、业务选择、实现路径等，都有可能会做调整。调整之后，对于员工的态度、知识和能力，也会提出很大的挑战。员工能否适应环境的变化和组织变革的需要，需要组织提前进行适应性的培养，让他们能够适应变化、满足未来组织变革的需要。

素质模型

前面讲过，培训可以处理 KSA 中的知识（Knowledge）与技能（Skill），但态度（Attitude）呢？

从理论上来讲，人的态度改变的可能性很小，而且要付出巨大的努力。因此，企业培训就必须将重点放在其应当具备的知识和技能上。关于 KSA 之间的关系，以及态度类指标为何很难转变，笔者亦将另著论述。

同时，企业文化落地往往是一个很大的难题，特别是能够持久、系统的执行,并进行量化的考核。企业的显性文化和隐性文化,如果不能进行有效的考核,并以此为依据做到奖惩分明,那么“落地”又成了企业经营中一个美好的愿望。

那么，员工的学习意愿、接受任务的态度、自我学习反思的速度等这些态度类的反应和指标，以及引领创新、追求卓越等文化类的指标，如何“落地”和进行量化考核呢？

前面讲过，从SOP导出的KSA，K（知识）和S（技能）是该岗位所必须具备的，从组织角度可以通过学习发展来进行“处理”——赋能，而态度则是执行某项具体的SOP时候的价值观。因此，这些价值观就是形成全新素质模型的基础。

根据大卫·麦克里兰（David McClelland）的行为访谈法（Behavioral Event Interview，BEI），是通过大量采集高绩效员工的三个故事（成功、失败、成功，犹如一份三明治）的具体细节描述，捕捉其高绩效动作和其背后所连接的特质，最后形成素质词典。这种方法几十年来非常有效，但费用和成本较高，而且对分析人员的专业度（BEI认证）和专有素质模型数据库等有很高的要求。

基于GPS-IE的素质模型提炼法，是基于标准操作程序，将标准员工的标准素质提炼出来，节省大量的时间和精力，同时也更加精准。由于SOP是来源于GPS-IE管理改进系统™，因此其从一出生就具备了组织目标和业务结果的基因。

有了系统的素质模型，那么可以将SOP和素质模型连接起来，制成清单。在这个清单中，所有的态度类指标（素质项），均来自标准的业务动作。而业务动作是否做了，是显而易见的，评判标准很清晰，因此员工是否具备了某项素质，就可以轻而易举地进行量化考核。这种方法解决了长期以来企业文化难以落地、“只能上墙接土，难以落地开花”的难题。

新评鉴中心

前面讲过关于如何用量化指标对“合格员工”进行评估的问题。

传统的评鉴中心（Assessment Center），心理、性格测试工具较多，但很难与业务进行直接联系。传统上只能提供一些参考指标和数据。

而在新的基于GPS-IE理论的人才管理和人才发展系统下，新评鉴中心的工具可以借鉴全新绩效管理™、新的人才培养逻辑系统等硬性量化指标，同时结合本企业特殊需求，借鉴相关性格和心理测试工具，进行综合评鉴。这种新的评鉴方法，更加公平、全面和系统。对于员工升职、提拔干部等，都具有非常重要的意义。

另外一种情况，有的企业处于初创期，还在为生存打拼，这时候比较强调业务结果，一般不会设立评鉴中心，可以直接用量化指标暂时替代类似评鉴中心这样比较综合的考核指标。

后　记

撰写这本书的过程，是漫长的。

两位作者的个人从业经历非常互补。在国外的学习和工作经历、与国内不同企业的不断探索，从思考培训如何创造真正价值，到参考国外的绩效改进，以至于到最后我们将视野完全提升到企业管理的高度，真正站在企业管理者的角度，用系统思考的方法，考虑整个组织的发展问题。

这样的思考与多年的探索，不同的行业、不同的企业、不同的地域文化、不同的管理和经营问题，使得我们有时候也迷失其中。但我们是幸运的，一个个的难题迎刃而解，最终找到了这样的管理逻辑，并在多年中为不同的企业付诸实践，在为每家客户带来收益的同时，也获得了几乎所有客户和合作伙伴的认同和认可。在这个过程中，我们也从他们身上学到了宝贵的知识和经验。

“一带一路”、“中国制造 2025”及“中国 2049 战略”等国家战略的实现，都需要巨大的软实力。希望这本书仅仅是一个开始。“路漫漫其修远兮，吾将上下而求索”。是责任感和使命感，支撑我们走到了今天。我们将会继续探索，为“GPS-IE 管理改进系统™”进一步的完善和推广而努力。我们的最终目标，是将这个逻辑性很强的庞大管理系统，用更加简单的方式进行推广，让更多的企业受益，并最终能够在大学里面，成为除了 MBA 教育之外、更加系统、落地地打造企业领导人和管理者的实战训练体系。

本书属专业书，专门论述我们在管理改进方面的探索，也是我们经过许多的咨询项目和无数次的工作坊，不断总结提炼出来的。而企业管理方法多种多样、理论和实践更加博大精深，我们只是呈现了我们自己的探索。对于本书各方面存在的不足，我们希望您能不吝批评、匡正。

本书的出版得到了电子工业出版社傅豫波女士和晋晶女士的大力支持。没有她们的支持和鼓励，本书难以付梓。此外，还要感谢改进咨询的王成、谢达、黄林、苏鸣、李伟、刘松、闫广玉等同事的支持！

改进咨询

改进咨询是一家为企业提供“管理改进”和“绩效改进”服务的创新型管理咨询机构，由上海改进管理咨询有限公司联合浙江改进、江苏改进、安徽改进、四川改进、改进伟业、大道博一等核心企业构成。专注于打造高绩效组织和人员业绩，以帮助众多企业成功为使命。

改进咨询是国际绩效改进协会（ISPI）、人才发展协会（ATD）的会员单位，是国际培训标准委员会（IBSTPI）的理事单位。

改进咨询联合创始人顾立民先生现担任国际绩效改进协会（ISPI）董事，曾担任 ISPI 明尼苏达州分会会长（2001 年和 2002 年），同时还担任国际绩效改进协会中国分会（ISPI-China）的副主席、中国职协绩效改进委员会专家委员；联合创始人丁晖先生从事培训咨询行业近 20 年，担任多家企业的绩效改进顾问。基于绩效改进的十大原则和标准，顾立民和丁晖联合发明了 GPS-IE 管理改进系统™。

改进咨询的顾问团队全部以研究 GPS-IE 管理改进系统™ 为核心工作内容，立足于国际领先管理改进技术的学习与总结、国内企业绩效改进技术的研究与实践，把国际绩效改进技术与中国企业发展实际相结合，将“绩效改进”系统发展成为“管理改进”系统，真正贯通管理改进全过程，帮助众多企业成长，并受到普遍欢迎。

改进咨询的主要服务形式为企业咨询、内训课程、公开课程和管理软件，其核心理念、方法论、案例和数据库均来自对 GPS-IE 管理改进系统™ 的研究和实践。

改进咨询，驱动业绩倍增！

400 咨询热线：400-021-6691

更多信息可以扫以下二维码。

反侵权盗版声明

举报电话：（010）88254396；（010）88258888

传　　真：（010）88254397

E-mail：　dbqq@phei.com.cn

通信地址：北京市万寿路 173 信箱

电子工业出版社总编办公室

邮　　编：100036